ネットワークの地域経済学

小さな会社の
ネットワークが
地域をつくる

髙原 一隆

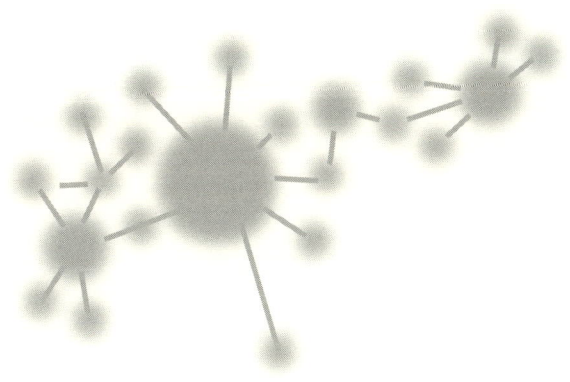

法律文化社

はじめに

ネットワークということ

　アメリカの政治学者F.フクヤマは市場原理が人類の最高の知恵の結晶だとして，現代を「歴史の終わり」と評したが，ドラッカーは，西洋の歴史では数百年に一度「一つの時代の終わり」以上の「一つの歴史の終わり」（傍点筆者）ともいうべき社会の大転換があったという。ドラッカーはそうした転換が13世紀以来現代までに4回あり，1990年代から始まる転換期が終わるのは2010年ないし2020年だと予言している。ドラッカーの思想・理論の根拠は別にしても，この予言は私自身の社会変化の内容理解とそれへの感性にも合致している。ということは，私たちは大転換の真っただ中にいるということになる。転換は必ずしも一直線に進むとはかぎらず，ときとして後退する現象をみせるが，総体としては進んでいくものである。私見によれば，1990年代の10年間は規制緩和による経済秩序の再編成，東欧民主化─ソ連崩壊およびそれにともなう政界再編成，情報処理技術の革新，経済のグローバリゼーションの急進展，金融システム・金融グループの再編成……，変革は必要だが，ときとして継承されるべきものさえも破壊の際に立たされ，先進国の経済成長を支えてきた秩序やシステムの破壊が進んだ。

　21世紀に入って，継承されるものは何か，とって代わる秩序やシステムはどんなものか，それをどのようにして構築するのかが問われている。ここには経済学的論理の範疇外と考えられてきたリオ宣言，京都議定書から2008年の洞爺湖サミットにいたる地球環境を守る秩序やシステムの構築を含んでいる。いずれにせよ，ここ10年の動きは21世紀資本主義の秩序とシステム形成の時期といってよかろう。秩序とシステムといっても，経済に限定しても，グローバルな資源，生産，流通，消費の市場を対象とする世界企業からコミュニティを対象にしたビジネスにいたるまできわめて多様であるが，新しい経済秩序やシステムの構築を構想する重要な要素の1つが'ネットワーク'というキーワード

であろう。

　ネットワークという言葉は，垂直的，水平的どちらの関係にも妥当する言葉であるが，本書のように小規模企業の連携を考えた場合には，水平的関係のイメージと結びついている場合が多い。そして，ネットワークの中では個人や個々の集団はそれぞれの位置と役割をもった存在であり，しかも自立した個性体である。自立した個性体であるためには，相互に相手を認め合う寛容の精神が不可欠である。つまり，自己の立場や主張をしつつ，意見の異なる他者をギリギリまで排除せず尊重することが重要な要素となる。そこが上位から下位への指揮・命令系統のシステムと大きく異なる点である。ネットワークは多様性を1つに結びつけ，お互いの信頼と納得に基づくものであるから，いったん連携ができると大きな相乗効果を生む。ただ，ネットワークの形成には時間がかかるし，その1つの結節点が破壊されると，ネットワーク全体が崩壊しかねないリスクも持ち合わせており，形成―維持のためには民主主義的土壌や柔軟性が重要となる。

　日本の場合，長く続いた共同体規制の強い社会に一気に資本主義的組織システムが浸透していった歴史的過程があり，その両者が混合したままで現在にいたっているために，上述のような性格をもったネットワークの浸透は簡単ではない。経済においては，戦後の経済成長の基盤となった企業組織は，効率性重視の垂直的組織の強固さ＝企業への強い帰属性に基づく成長が基本であったから，ネットワークというのは組織内（組織外であれば下請け関係等）の垂直的関係を意味していた。だから，企業という大きな垂直的組織の中での個々のネットワークは強かったけれども，組織を離れた個人と個人，小さな組織同士のネットワークの形成力は強くはなかったのである。このことは中小企業でも同様であり，ともすれば，創業者やその一族によるワンマン的経営とさえいえる状況が少なくなく，中小企業保護政策は官との関係，民間の中小企業支援団体にあっては，その団体の事務局との関係が中心であり，中小企業間の水平的な関係はあまりなかった。しかし，これからの地域経済にはこうしたネットワークによる相乗効果を経済の質の向上にいかすことが大事になっている。

　ここで経済とは離れるが，ネットワークに関して筆者が問題意識を駆り立て

られた事実と論点についてふれておこう。1つは，ローマ帝国の強さの秘密を組織力＝ネットワークの相乗効果に求めている『ローマ人の物語』（新潮社，1992〜2006年）の著者として知られる塩野七生氏の見方である。氏は，エトルリア人，カルタゴ人，ギリシャ人はそれぞれ建築技術，商業活動，知識能力という偉大な付加価値をもつのに対して，ローマ帝国は卓越した資源をもっているわけではなく，ローマ人の強さは組織力にあるという。寛容の精神に基づいて多様な主体の独立性を認め，そうした主体をコーディネートした点にローマの強さの秘密がある，というのが氏の見方であり，コーディネートした組織力が作動しなくなったとき，すなわち寛容でなくなったとき，ローマは没落の道を歩むことになった[2]。

もう1つは，都市国家のネットワークに関する考古学的研究である。最近マヤ文明が注目を浴び，発掘・研究が進みつつある。まだ発掘・研究中であるため，定説が確立しているわけではないが，この文明は地域間ネットワークに重要な示唆を与えているように思われる。マヤ文明は数十の都市国家を基本単位とするが，これらの諸都市は統一して1つの王朝を形成せず，それぞれが独立した存在であり，身の丈にあった経済規模を保ちながら都市間でネットワークを形成した。都市間で争いはあったが，他の都市国家をつぶさず，必要なものを奪うことなく，不足する資源は交易によって補ったのである。最も大規模化を進めたユカタン半島中部の都市国家ティカルは，水と食料の危機によって自滅したのに対して，一定規模を保った都市国家はユカタン半島北部に中心を移し，以後スペインの侵略までマヤ文明の繁栄を続けたのである。身の丈にあった経済規模を保つこととネットワークによってお互いを認めることとが現在の研究において受け継がれるポイントになっていると考えられるのである[3]。

北海道への想い

私が初めて北海道に来た1981年，札幌で人々はどのような糧を得て生活しているのだろうか，という素朴な疑問をもった。札幌に来る前に住んでいた京都の当時の人口は140万人あまりで札幌の人口とほぼ同じであった。また，故郷の広島の人口はほぼ100万人であったが，東洋工業（現在のマツダ）あり，三菱重

工業あり……で，子ども心に人々の生活の経済基盤を理解することができた。最初に赴任した大学での講義科目が地域性の強い地域経済論であったこともあり，こうした生活の基盤についての疑問を解くことが私の大学での地域経済論の第一歩であった。ここで得た結果が，炭鉱地帯からの流入，建設業就業者の多さ，大量の季節労働者の存在，代替え産業の未成熟などに示される北海道あるいは札幌の危うい経済基盤であった。そのときは，まだ実証的には行わなかったが，危うい経済基盤を象徴するのが中央政府「依存」型経済構造であった。

　第7章で書いたイタリア南部政策に興味をもったのも，イタリア南部が先進国の中でも典型的な中央政府依存型経済構造をもつ地域であり，中央政府主導型の地域開発政策が行われていたからであった。また，第2章で述べるが，基盤産業になるはずの大企業は本社ではなく支店であり，大規模工業基地と期待された苫東開発地域をはじめ造成された工業団地の企業誘致は進まず，大企業（たとえば，新日本製鉄室蘭工場）も構造調整真っただ中にあり，北海道経済を支える企業の圧倒的多数は中小企業であり，政府財政支出であった。そうした関係もあって，当時，イタリア経済の成長を牽引しており，しかも中小企業がその主役であるイタリア中部の産地（第3のイタリア）を何回かにわたって訪れ，その実態をフィールドワークした。きわめて小規模企業でありながら一国の経済を牽引する経済システムや方法が，北海道に適用できないかといった問題関心であった。第3のイタリアの産地の発展が中央政府に依るものではないことも問題意識の1つであった。

　忘れられないのは，1993年に学生と釧路経済の調査に行った際に遭遇したKEC（釧路エンジニアリングセンター）という協同組合であった。組織形態は協同組合であるが，それぞれ得意分野の技術をもつ中小企業5社のネットワークにより受注を増加させていくための，いわば共同受注のための別会社というべき組織であった。道外の中小企業の産業集積地域では自然発生的に連携は行われていたが，活動を開始した当初から意識的に連携してビジネスを展開していく動きは北海道では1990年代になってからである。KECは，当時は商工担当の市職員もあまりそのシステムを知らなかったのである。その後，こうしたビジネスモデルは発展するかにみえたが，筆者の予想した状況にはならなかった。

はじめに

　それにはさまざまな要因があろうが，政策的には基盤産業の他地域からの導入に重点があったため一般化しなかったとみることができよう。筆者は一時，道外の大学に赴任したことがあり，その際，大阪市，東大阪市，大田区，諏訪市，川崎市などの中小企業集積地域のネットワークから生まれた協同組織のフィールドワークを続けていた。2003年に再び道内の大学に赴任したが，その後みた，そうした協同組織は新たな展開を示していることが少しずつわかってきた。本書ではそうした新たにフィールドワークした事例についてもかなりの頁数を割いて叙述している。

　本書は，北海道を主要な対象に，長期にわたって官「依存」といわれる経済で推移してきた地域が自立するためには何が求められるのか，ということに問題意識をおいている。そうした問いに対して，「依存」ではなくネットワークこそが求められているというのが私の回答である。何かが必要になったときにしばしば耳にする言葉は，「補助金はあるのか」である。もちろん，現実には補助金なしには「自立」した事業が不可能な場合もある。しかし，まず補助金という発想ではなくて，自律的な構想を実施する際の結果としての補助金という発想が大事であろう。フィールドワークする中で，さまざまな方々に出会ったが，私が貴重な企業間ネットワークの実践だと感じた事例では，官の支援はあくまで自分たちの自律的実践に結果としてともなうもの，という発想で進められていた。いずれにせよ，官への「依存」ではなく，提携する人・組織との協同に発想の重点がおかれていたように思われる。ここに，協同が「依存」とは根本的に異なった，自律に基づく自立に向かう精神構造と密接に関係していることを理解することができる。

　確かに，理念的に自立の方向をさし示すことは，ある意味では簡単である。しかし，政策的にも実践的にも，文字通りの自立経済に導くことは率直にいってきわめて困難であることは間違いない。北海道経済にとってのキーワードは，ポスト中央政府「依存」型経済，食産業および質的に豊かな暮らし向きである。そのために求められるのが，企業間ネットワークを通して生まれるネットワーク化企業（組織）であり，その協同の力で「新価値」を創造することではないだろうか。

v

各章の要約

　読者への便宜のために，各章の要約を示しておこう。

　第1章は，産業集積（地域）に類似した諸概念を検討し，それらとの類似点と相違点を明らかにしている。さらに，単に中小企業が集積しているだけではなく，ネットワークから新たな別組織をつくって企業間ネットワークに新たな価値を生み出すことの重要性とそのためのコーディネートの意義を，道内外の事例を紹介しながら提起している。

　第2章は，北海道の経済を中央政府「依存」型の経済と定義し，その歴史的淵源と産業調整に適応できていない現状をコンパクトに述べている。そして「依存」型経済が定着したのは高度成長期であり，それには北海道開発政策が大きく影響していることにふれ，思い切った内発的経済振興策により，地域内市場産業を基盤産業として成長させていくことが重要であることを述べている。

　第3章は，北海道のような「依存」型経済を自立型経済に転換させていくためには，地域に埋め込まれた企業間ネットワークにより事業を発信するよう提唱している。この章では，北海道における最初のネットワーク化された事業体として，前述したKECの事例，農業および公共事業にかかわるネットワーク化された事業体を事例として取り上げている。

　第4章と第5章は，森林資源や独特の農産資源でつなぐネットワークの事例について述べているが，同時に，下川町の森林クラスター（第4章）や江別市のハルユタカネットワーク（第5章）の展開は地域住民や消費者を含んだネットワークとして展開されているところに特徴がみられることを詳細に述べている。

　第6章は，福祉ネットワークともエコネットワークともいわれる地域通貨'クリン'によって人と人とのネットワーキングを進めている事例と，人と人との結びつきを通して，住民自らが地域の総合計画づくりのためにネットワーキングしている事例を紹介している。

　第3〜6章は第1章および第2章を受けた事例として展開している諸章なので，1つの章にすべきかも知れないが，1つは頁数が大部に上ること，2つ目は，それぞれのネットワークの目的や方法が異なっている事例であること（第

3章はビジネス中心のネットワーク，第4章と第5章はビジネスでありながらコミュニティとの接点を重視したネットワーク，第6章はコミュニティを基盤にしたまちづくりネットワーク）の理由により4つの章に分割した。

第7章は，新しいタイプの地域開発政策，というより地域政策の具体的な姿を叙述している。この章は，イタリア南部との比較をするために，ここ数年のイタリア南部のフィールドワークによって得られたことを述べたものである。中央政府主導型地域開発が1992年に終焉した後，現在のイタリア南部の地域政策はEU中心に行われており，日本とは相当の違いがあるが，1990年代後半からの地域政策（というより，まちづくりといった方がよい）は地域主導／分権で行われており，ポスト中央政府主導型地域開発政策にとって参考になりうる事例と考えたからである。南部開発のPatto Territoriale（地域協定）方式は必ずしも正しい姿が伝えられていないし，筆者も未だ研究段階でもあるため，できるだけフィールドワークに沿って叙述した。

大都市圏とは地理的にも離れた農山村地域では，人口減少，少子・高齢化，人材やそれにともなう技術・ノウハウ・ケイパビリティの流出も続き，地域づくりは並大抵ではない。しかし，本書で示したネットワーク化された事業体による相乗効果とコミュニティ活性化のネットワークの結合の上に立って，自立した地域経済と地域をめざす営みを期待したいと思う。

1) P.F.ドラッカー（上田惇生他訳）『ポスト資本主義社会——21世紀の組織と人間はどう変わるか』（ダイヤモンド社，1993年）序章。
2) 塩野七生『ローマから日本が見える』（集英社，2005年）。
3) 中村誠一『マヤ文明を掘る——コパン王国の物語』（日本放送出版協会，2007年）。恩田陸・NHK「失われた文明」プロジェクト『失われた文明マヤ』（日本放送出版協会，2007年）。

目　次

はじめに

第1章　地域経済におけるネットワークと地域づくり……… 1
　1　産業集積と企業間ネットワーク　1
　2　ネットワーク化されたビジネスモデル　8
　3　企業間ネットワークとコミュニティ・ネットワーク　15

第2章　中央政府依存から内発性に依拠した
　　　　　北海道経済へ…………………………………… 21
　はじめに　21
　1　「依存」型の北海道開発　22
　2　北海道経済の構造的脆弱性　29
　3　自立経済を求めて　33

第3章　企業間ネットワークと地域経済のパラダイム……… 55
　1　企業間ネットワークと自立経済への展望　55
　2　北海道における最初の共同受注会社　58
　　　──KEC──
　3　協同の飼料工場設立による地域経済への貢献　60
　　　──酪農家のネットワーク会社：㈲デイリーサポート士別の事例──
　4　同業種の共同出資による会社設立で競争力確保　69
　　　──共同生産会社VC5──

第4章　地域ネットワークのパラダイム(1) ……………… 75
　　　──森林資源でつなぐネットワーク：北海道下川町の森林クラスターの試み──
　はじめに　75

       1　下川町の概要　77
       2　現在までの下川町の地域づくり運動　81
       3　地域づくり運動の展開　85
　　　　　　──産業クラスター研究会以後の運動──

第5章　地域ネットワークのパラダイム(2) ……………… 93
　　　　──幻の小麦・ハルユタカをめぐる地域経済ネットワーク──
       はじめに　93
       1　幻の小麦・ハルユタカ　94
       2　江別のハルユタカをめぐる経済ネットワーク　99
       3　滝川のハルユタカをめぐる経済ネットワーク　109
       4　地域経済におけるネットワークモデル　115

第6章　くらしのネットワークパラダイム ……………… 121
       1　人と人とのネットワークをつくる地域通貨'クリン'　121
　　　　　　──栗山町の地域づくり──
       2　地域づくりのネットワーク　136
　　　　　　──協働の地域づくり・白老──

第7章　イタリア南部政策の新しいパラダイム ……………… 149
　　　　──地域主体のネットワーク型地域づくりへ──
       はじめに　149
       1　イタリア南部政策の転換　150
       2　ネットワーク方式の地域政策　158
　　　　　　──Patto Territoriale（地域協定）の事例──

おわりに　167

語句説明　173
参考文献　183

第1章
地域経済におけるネットワークと地域づくり

1 産業集積と企業間ネットワーク

1 産業集積と中小企業への注目

　中小企業の産業集積が政策論的にも理論的にも見直され，注目を浴びるようになっているが，それは以下に述べる諸要因によっている。

　第1に，グローバリゼーションによって工場の海外移転が進み，その結果，国内の「モノづくり」の機能の危機，すなわち「経済の空洞化」「地域経済の空洞化」が深刻になってきたことがあげられる。

　第2に，1999年に改正された中小企業対策基本法は，社会政策的対応に重点をおいていた中小企業政策を大きく転換し，新たな産業創出，就業機会の増加，市場に委ねた競争の促進，地域経済活性化を柱にした経済ダイナミズムの源泉の1つとしての中小企業像を描き，「中小企業の多様で活力ある成長発展」を基本理念としたことである。具体的には，中小企業の交流・連携，共同化の推進，産業集積の活性化，創業支援などが重視されるようになった。[1]

　第3は，産業集積地域の工場が，まるで歯が欠けるように次々と閉鎖される「歯槽膿漏的現象」[2]が進むことによって，基盤技術の流出が始まり，それによって地域経済の衰退が加速していることである。産業集積地域の衰退現象は，団塊の世代の引退と平行しており，彼らがもっていた技術継承が困難なことと密接に関係している。

　第4に，地域経済の自立のために中小企業の産業集積が必要不可欠になって

きたことである。一方で大企業がメガコンペティションに勝ち抜ける支援が求められ，もう一方で地域の自立を進めるために自立の基礎となる経済基盤を構築することが求められている。そこから発想された政策の1つが産業クラスター政策である。

　理論的には，規模の経済，範囲の経済に代わって連結の経済（ネットワークの経済）による相乗効果論が基礎を提供し，政策的には，企業誘致中心の産業立地政策から産業集積の具体化としての産業クラスター戦略へと変化を遂げている。産業クラスター戦略は知識産業，IT産業，バイオ産業，環境産業など新しい産業の起業と結びついているのと同時に，既存産業の高度化への再編成を含んでおり，今後の中小企業や地域産業のあり方と密接に関係している。したがって，新しい時代に対応した「中小企業」の創業，交流・連携，協同化が地域経済のキーワードの1つとなっている。

2 産業集積の概念について

　産業集積の最も基礎的な概念は，「一定の地理的空間（地域）に産業的に関連する企業が多数集積している状況」と定義される。単に「一定の空間・地域に多数の企業が集積している状況」を産業集積というならば，多層の建物のそれぞれの階に小規模な工場が入居している工場アパートも産業集積である。工場アパートは，都市内に住宅と混在していた小規模工場の近代化や公害防止を目的として建設されたものであり，入居している工場同士のコミュニティ関係はともあれ，取引などを通した関連性は弱い。同様に，企業団地や工業（工場）団地も産業集積の一形態である。前者は都市内の企業を分散させるために（工場再配置），個別企業，とくに自力で工場を分散させることが困難な中小企業の空間的集積に重点をおいた政策的概念であり，その目的に共同化・協業化が掲げられていることもあって，企業間の関連性を意識した活動も行われている。後者は，地方自治体などが工場用地，上水道や汚水施設，交通機関など産業基盤を先行的に投資して他地域から企業を呼び込んだり，地域の中小企業の近代化・効率化をめざして中小企業を再配置する目的をもっていることが多い産業空間である。後者には，高度成長期の臨海型コンビナートに代表されるように，

国策として進められた工業団地もあり，地域の側からは，地域の基盤産業（移出産業。第2章参照）創出として期待されたものもある。これらも，多数企業の一定範囲の集積という点では産業集積であるが，必ずしも同種産業でなかったり，自己の企業やそのグループの地域外企業との垂直的取引が中心で，地域内の相互取引関係がない場合が多く，関連企業の集積としての産業集積とはいえない場合がある。

　上に述べた産業集積は産業政策や産業立地政策と深く関連したものであったが，産業集積は政策的に形成されたもの以外に，資源や技術の存在から自然発生的に関連する企業が立地し，それらの効果が累積的に積み重なって産業集積地域として形成されたケースも少なくない。その典型が大企業（親企業）を中心にしてその周辺に下請企業群が立地した地域であり，企業城下町とよばれている。とりわけ組立型工業では，地域内できわめて多くの種類の部品生産を行い，リーダー企業を中心に諸取引を企業内の1つの生産工程のように垂直的に統合することにより効率が図れる産業である。つまり，地域内での取引が重層的に行われることがコスト低減，競争に勝てる条件なのである。したがって，同一価値に基づく国民経済を前提にすれば，一国内の同一地域に関連する企業が集積することが巨大な外部効果を生むことになる。豊田市（トヨタ）や広島県府中町（マツダ）などはその代表例である。逆説的だが，第2章で述べる北海道へのトヨタ系諸工場の進出にかかわる問題点の1つもその点にある。もちろん，機械組立工業以外の鉄鋼（かつての八幡，姫路，君津，釜石，室蘭など）や石油化学（光，倉敷，西条，堺，鹿島など）なども産業の空間的集積である。佐世保や呉などのように軍港から出発し，軍需など関連産業が集積し，それらが成長して複数の主要産業に支えられていった地域もある。鉄鋼，石油化学，パルプのような素材型産業はとりもなおさず装置型産業でもあるが，こうした産業は有機的構成が高く（資本集約型産業），基幹的製品の生産にかかわる技術者や労働者の地元雇用は限定され，取引も高度なものは除き，メンテナンス，保安，清掃など間接部門の取引に限定される場合が多い。

　大企業はそれぞれが独自の資源調達先，取引先，市場をもっており，地域に立地することが企業戦略と一致し，地域の安価で豊富な労働力や土地基盤など

のインフラストラクチャーが供給される場合にのみメリットを得て立地するが，そうではない場合には立地は行わない場合が多い。トヨタは今でも豊田市に本社があるが，経済活動はグローバルに開かれているため，地域での生産活動の比重はどうしても軽くならざるをえない。本社が東京に所在する場合は，本社の指示で活動が行われるため，地域には工場だけが立地している（こういう工場を分工場という）ケースが多く，資源調達，経済取引，販売は，地域と直接かかわりのない，地域横断的な企業の垂直的組織の中で排他的に行われ，同一地域の集積地域や工業団地に立地する他企業との経済関係も弱く，地域との経済的かかわりはかぎられてくる。

3 産業集積と中小企業

中小企業の場合は，1社や数社では特定の企業城下町にはならないが，特定産業の多数の企業が集積している地域経済は数多く見受けられる。機械・金属関連の基盤技術をもつ中小企業の集積地域として，大都市では東大阪市や大田区がよく知られている。地方都市では，戦時中に東京から移転し，戦後中小の機械工業の集積地となった坂城町，精密機械工業の集積地・岡谷市，金属洋食器製造関連企業の集積地域として発展してきた燕市，三条市やメガネフレーム関連の集積地域の鯖江市がある。あるいは，現在では集積とはいえないほど少数の企業で生産が行われている地域も歴史的な産業集積地域といえる。

産業集積地域のイメージは中小企業に求められることが多いが，それは上述した集積地域における大企業とは異なる経済活動の方法に基づいているためである。中小企業は経営資源や取引顧客のひろがりにおいて弱点をもっているが，それを補い企業を存立させる条件がコアコンピタンス（中核能力）である。そのコアは技術であったり，ノウハウであったりするが，あくまでコアであって，それだけでは最終製品の完成にはいたらない。したがって，そうしたコアを1つに統合して完成品にするためには生産工程のネットワークが必要である。そうしたネットワークが「一定の地理的空間（地域）に……企業が多数集積している状況」であるが，歴史的にみると自然発生的に生まれてきたのである。しかもそれは，統計上の産業分類ではなく，横断的に「産業的に関連する」業

種的な関連としてである。そうした地域がとりもなおさず産業集積地域である。そこに産業集積地域と中小企業が結びついて生まれ，またそうしたイメージが定着してきたのである。

4 産業集積地域と産地 (Industrial Districts)[4]

イタリアは先進国の中では最も経済力が弱い国とされてきたが，日本でイタリア経済第2の奇跡と注目されたのは1980年代である。それ以降，20年間にわたってイタリア経済は好調を持続した。そのポイントは4つある。1つは経済を牽引する主体が中小企業という点，2つ目は，中部に位置する3州（エミリア・ロマーニャ，ヴェネト，トスカーナ）を中心にした地域だという点，3つ目は，輸出志向の高いブランド製品であるが故に，それが貿易黒字を生みイタリア経済を牽引した点である。そして次のように説明される中小企業の生産システムをもった地域が産地（あるいは文字通り，産業地区）と呼ばれてきた。図1-1をみていただきたい。図中の○は生産主体の個々の中小企業である。それらの生産主体はそれぞれにコア技術などを保持して専門化された工程を担い，それが次の工程を担う企業とネットワーキングするという形で一連のネットワーキングによって最終工程にいたる。そして，別の製品の生産の場合には，まるでアメーバーのように取引相手を変えてネットワーキングするという柔軟な生産システムである。こうした特徴をもつ生産システムは柔軟なネットワーク生産システムまたは柔軟な専門化（フレキシブル・スペシャリゼーション）生産システムと呼ばれている。4つ目には，地域への埋め込み (embeddedness) という点があげられる。日本語では embeddedness にあたる言葉はなく，類似の言葉としては rooted（根ざす／定着する）があるが，意味はかなり異なる。動詞の embed は埋め込むという意味であるが，そこには不可欠という意味が込められている。つまり，企業は当該地域のさまざまな経営資源を不可欠なものとして，ビジネスを行っているということなのである。企業間ネットワークもそうした「社会的関係資本」という不可欠の資源なのである。

20世紀末を産業革命以来の大変革期ととらえる M.J.ピオリと C.F.セーブルは石油ショックを契機に大量生産システムとそれを担う大企業体制が危機に陥

図1-1 第3のイタリア産地の一般的なタイプ

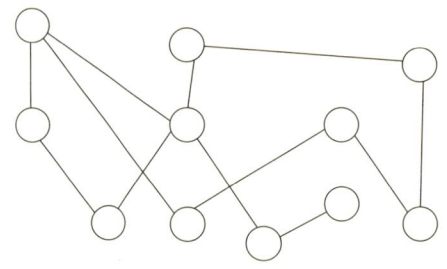

り、大量生産システムに代わる高度なクラフト的生産システムへの移行の条件とその具体的な姿を、柔軟な専門化生産システムをもつイタリアの産地にみいだし、21世紀の生産システムをさし示しているとして高く評価した。1980年代にイタリアとは異なって大企業システムが強固な日本では、いわば日本のそれに対抗するシステムとして紹介され、バブル経済崩壊後の日本の21世紀に向けて中小企業の競争力強化の1つの方法として評価されたのである。

上述したのは産地そして第3のイタリアのいわば原型である。しかし、1990年代のグローバリゼーションにより東欧などへの委託生産、小企業のグループ化が進んだ、コミュニティから得られないイノベーションが求められる、などの構造変化の中でイタリアの産地は変貌を遂げた地域もあり、遂げつつある地域も少なくない。かつて、イタリアの産地に対しては、経済発展途上の一過程にすぎない、市場インセンティブが弱い、特定産業分野に限定されている、大企業が柔軟な専門化生産システムを内部化することによって中小企業の優位性は失われる、イノベーションなどにおける地域への埋め込みの限界等を指摘する批判がされてきたが、実際、産地における企業規模は大きくなりつつあり、かつて産地内で電話1つで御用聞きを行っていたコーディネート企業の中には、500名を超える従業員を抱えるものも出現するなど大規模化が進んだ。しかし、単線的に垂直的企業システムに進まない、との問題意識をもち、しかも先進国の産地の歴史的役割を高く評価しながらも、外部環境にあわせた産地システムの質的改善を主張するC.クラウチ（C.Crouch）やC.トゥリジリア（C.Trigilia）は新しい視点で第3のイタリアの企業システムを描いている。その内容はここでは詳細しないが、彼らの主張のポイントは、「企業間ネットワーク」から「ネットワーク化企業」への企業構造の変化という点である。

彼らは、ネットワーク化した企業においても地域へのアイデンティティや企

業の自立性は保持されていること，確かに，企業の垂直的指揮・命令系統が一般的になるとローカル性が失われるリスクはあるが，これらの企業にとって地域的競争集合財（LCCGs：Local Collective Competition Goods）は不可欠であり，ネットワーク化された企業の地域への埋め込みは保持されると述べて，ネットワークに基づく地域への埋め込み性は重要であることを指摘している。つまり，ネットワーク化された企業となっても，かつての企業の独立性は保持しているので地域からの資源，技術，労働力などは，こうした企業にとっても不可欠である，と考えているのである。

5 地域クラスター政策とネットワーク化企業のビジネス・モデル

ひるがえって日本の企業間ネットワークを考えてみよう。それを考える際に，2001年から始まった経済産業省主導の産業クラスター政策は不可欠である。なぜなら，産業クラスター政策はその目的に産官学連携や異業種交流の広域的なネットワークを形成することを柱に据えているからである。この政策には2つの主要ミッションがある。1つは，国家戦略上の重要分野と定められた新産業の創出であり，もう1つは地域経済振興（地域クラスター政策）である。つまり，地域経済の自立を促して国家戦略を身軽に進めるねらいがあるために，地域クラスター政策との境界が明確でないことに加えて，現場では農山村地域のクラスター形成まで視野に入れてこうした地域の支持を得ようとしているため実に総花的計画になっている。

都市部以外の地方の経済の疲弊はきわめて深刻であり，地方財政制度の改革が追い打ちをかける形になっている。だからこそ逆に地方当局の側は，見通しは厳しいとしりながらも企業誘致に熱心に取り組まざるをえない。それは当面の雇用と財政に役立つから，という理由にほかならない。しかし，この政策は国家戦略上必要な新産業の創出に最も重要な位置づけを与えているため，企業の誘致が成功したとしても，先に筆者が強調した地域内経済循環の高度化と地域経済の質的向上につながる保証はない。だからこそ，「誘致交渉の相手が，あるいは進出企業が地域経済に根ざして競争力を強化する地域内産業連関的発展を考えているのか，垂直統合型企業戦略を採用して，……企業グループ内での

産業連鎖の統合を考えているのか……」といった点を不問に付すと,拠点開発方式の負の側面を繰り返すことになる可能性は否定できないと思われる。しかし,地域の「産」が「公」の支援を通して,自発的に産・産,官・学の連携で独自の産業や製品を生み出すことは大事なことであり,地方分権型社会に向かって求められていることでもある。

　それでは,高齢化・少子化を文字通り経験しつつある農山村や,公共事業減少が地域経済衰退に拍車をかけている地域ではどのような地域経済振興を考えたらいいのだろうか。また,どのようなモデルがありえるのだろうか。都市部から離れた地域の小さな企業が個々の努力によって地域経済に貢献した例は多くあるが,イノベーションのシステムを提起した例は必ずしも多くない。筆者が提起するのは,企業間ネットワークから生まれた協同の力をいかすイノベーションである。具体的には,企業間ネットワークから生まれた別組織(会社形態,NPO,任意団体など)をつくり運営することによって,そのネットワークに新たな価値を生み出すシステムである。

2　ネットワーク化されたビジネスモデル

1　企業組織の変化

　ネットワークを結んだ諸企業が別会社・別組織をつくって新たな組織的イノベーションを進める例は,すでに国内でも散見されるが,国民経済なりグローバル経済における中小企業の産業集積とそのネットワークが注目されるようになった背景には,企業システムの大きな変化がある。

　20世紀型を特徴づける大企業システムは,原料購入から販売・アフターサービスまでの多機能事業部制と支店・営業所の地域的配置をともなう地域事業部制(企業内地域的分業)を基本としていた。こうした企業は総合企業や総合商社に代表されるいわば戦艦型経営であった。さらに,銀行資本を頂点とし,関連・下請企業にいたる系列(企業グループ)がこうした巨大企業を包含する垂直的ネットワークを特徴づけていた。しかし,20世紀末から需要構造の変化に対応

して不採算部門や支店の集約とリストラ（分社化），グループの解体と下請構造の変化が進み，高付加価値化と膨大な研究開発投資のために巨大な経営資源を抱え込むことが不効率となり，それを克服するために多岐にわたってもっていた経営資源を，コア部門に集約する動きが進んだ。これによって１つ１つの企業単位はスリム化され，とくにコア部門に特化した新しい型の企業は分業の一環を構成しているために，関連する企業との水平的ネットワークが求められることになった。特定の親企業の下で固定した分業の一環を担ってきた下請け企業は相対化され，自立と新たな連携の道を模索することになった。また，多様な需要に即座に対応するための柔軟な生産システムにとって，大組織より経営主体間を柔軟に連結できるネットワークの方が効率的になる。こうした変化の中で，生産におけるネットワークが比較優位と潜在力を引き出す重要な戦略的手段になってきたのである。選択と集中という名の下に，たとえば電機メーカーの液晶パネル提携のように，競争力の強い分野に経営資源を集中させ，共同で別会社でコアの展開をするビジネスモデルもその１つである。中小企業の場合は，選択というより諸企業のコアをいかに集中させてコアの効果を極大化させるかというビジネスモデルである。その１つが，コアの集中による共同受注組織（会社）の結成などの協同事業である。

2　ネットワーク化された協同組織の諸形態

さて，企業間ネットワークにはいくつかの形態があり，類型化され説明されてきた。代表的なものの１つが資源依存論である。自企業に不足する資源を他企業から獲得することによって相乗効果を得るものである。これには完成品，技術ノウハウ，ブランド，輸送，倉庫，修理などを含むが，第３のイタリアのような専門化された個別生産工程を個々の企業が担い，それらの企業が柔軟にネットワークする生産システムも資源依存の１つの型として注目されている。もう１つは，取引にかかわるコストや時間を削減することを目的としたネットワークである。こうした取引ネットワークは従来から行われてきたのであるが，これらに加えて「価値創造的機能」としての企業間ネットワークの形態が生まれ始めている。[9] 表現としてはやや抽象的であるが，需要の量的・質的な変

動にフレキシブルに対応したり，個別企業では限定されていた受注の範囲を拡大したり，関連産業と連携して新商品を開発するなどの機能をもったネットワーク効果をさす。こうした機能は，個別企業や個々の業界にとってのみならず，地域あるいはコミュニティとのかかわりが強く求められるため，地域経済にとって大きな影響をもつことになる。資源依存や取引のネットワークにおいても関係財は無視できないのであるが，価値創造的機能としての企業間ネットワークにおいては，信頼とかそれに基づく情報という関係財の存在が不可欠である。なぜなら，それは一定の地理的空間に存在する傾向が強いからである。たとえば，共同受注によって受注を拡大するには何らかの事務局的な役割をする組織が必要になるが，それにはそうしたネットワークを結ぶ組織の構成員の間の信頼関係が不可欠なのである。それぞれの企業が，共同で受注した仕事を優先するか後回しにするか，受注した仕事に関する情報をどこまで公平に徹底できるか，協同の理念を基礎におくか利益優先におくか，協同領域を広くとるか狭くとるか（特定機能に限定するか拡大するか）……の問題の対処には信頼関係と情報の公平性が欠かせないのである。このような信頼関係は，直接の関係性をもたないインターネットだけでできるものではなく，一定のエリアにおける日々の付き合いや情報交換（この場合の情報交換は，不定型の情報）によってでき上がってくるものである。筆者が聞き取りをした共同受注などを行う協同組織の構成員は，協同の仕事をする場合，当然，必ず直接会った上で確認をして仕事を進めるという返事であった。このように，こうしたネットワークでは地域におけるフェイス・ツー・フェイスという関係財を基礎としているという意味で，地域のあり方と密接に結びついている。

③ 中小企業間ネットワークとネットワーク化された組織

　日本の場合，大企業は効率性重視の垂直的組織の強固さ＝企業への強い帰属性による成長が基本であったから，ネットワークというのは組織内（組織外であれば下請け関係）の垂直的関係を意味していた。そして企業間の結びつきは競争関係が基本であった。こうした意識は中小企業でも同様であり，創業者やその一族によるワンマン的経営といえる状況も数多くあり，中小企業保護政策

は官との関係，民間の中小企業支援団体にあってはその団体の事務局との関係が中心であり，中小企業間の水平的な関係はあまりなかった。

　1980年代にも既存の協同組合とは異なる自主的な協同の活動があった。当時の活動は，自主的なものではあったが，ポスト高度成長の中小企業経営危機に対応した防波堤としての協同化の性格が強かった。現在の協同組織，とくに都市の工業集積地域のそれは，冒頭に引用したように，グローバリゼーションによる工場の海外移転が「歯槽膿漏的現象」を呈しているとの危機感の反映であり，農山村地域のそれは生き残り戦略という性格が強いのも事実であるが，同時に，地域経済という視点から地域の潜在資源と関係財を取り込んで，イノベーション戦略を進めて相乗効果を得るという攻めの地域企業モデルの実践としての意義を有していると考えられるのである。

　企業間ネットワーク（提携）は近年大きく増加の傾向を示している。ネットワークは中小企業，という常識を超えて，最近では大企業でも新商品の事業化，コスト削減，研究開発など，社会的貢献や環境に配慮した事業のための連携も増加し，8割が業務提携という形でネットワークを結んでいる。また，共同出資会社の設立というある種の協同化も進んでいる。[10]中小企業庁が2002年に行った「中小企業連携活動実態調査」の水平連携ネットワークの項目では，次のような結果がみられる。事業連携活動に取り組む中小企業は約4分の1，活動内容は共同研究開発，共同販売，共同仕入，共同物流など多岐にわたり，その目的は活動内容により異なるが，「自社で不足する知識やノウハウの補完」，「事業コストの削減」，「競争相手や取引先に対する地位の強化」，「各社の経営資源の結びつきによる相乗効果」，「事業リスクの削減」，「事業に要する時間の削減」等があげられている。そして，連携事業に取り組むことと売上高の増加，利益率の改善には有意な関連はみられず，活動目的は多様化している。[11]

　ここで1つ断っておくことがある。先ほども中小企業をネットワーキングする協同組織という表現をしているが，こうした名称の組織はすでに多く存在しているということについてである。周知のように，1949年の中小企業協同組合法，1952年の中小企業団体の組織に関する法律に基づいて事業協同組合，企業組合など多くの組合がつくられ，組合員の共同生産，共同加工，共同購入，情

報提供，福利厚生，火災共済，金融事業等の事業が行われてきた。中小企業の協同組合組織は国の中小企業対策の柱でもあったのである。しかし，中小企業を取り巻く大きな変化の中で，当事者の間からも，協同組合が行政指導型，施策の受け皿的なものとしてつくられてきたのではないかとの声が生まれ，中小企業組合の再生も模索されている。そうした中で，行政施策としての組合とは相対的に別個の自主的な協同組織が生まれている。機能的には，先に述べた価値創造的機能をもった企業間ネットワークと重なり合っている。現段階では，組織として営利法人化しているものもあるが，NPOや多くは任意の団体となっている。異業種交流から生まれたものが多く，人や情報のネットワークのみならず，経済事業のネットワークとして活動している。売上高，収益率，株価などの企業固有の価値，CRS（企業の社会的責任），CRI（社会的責任投資），企業メセナ，企業の信頼度とならんで，地域コミュニティへの埋め込み（embeddedness）がこうした協同組織にとっては企業の社会的価値の尺度となりつつある。

4　ネットワーク化された中小企業協同組織のシステム

　ネットワーク化されたビジネスモデルとしての中小企業協同組織の事例は，前世紀末からマス・メデイアに注目されたものも少なくない。ここでは，筆者が最低1回はフィールドワークした機械・金属系業種の協同組織を念頭におきながらその基本形について紹介しておこう。

　【成立時期】成立時期は1990年代が多く，バブル経済崩壊後の中小企業をとりまく環境が非常に悪化している時期であり，そうした中から新しい協同化の方法やシステムを求めた結果であることがうかがわれる。しかし，当初のメンバーは，以前から異業種交流等で情報交換や取引関係のあった事業主から始まっている。

　【組織形態・加盟数】組織形態は任意団体が多いが，東大阪の「ロダン21」のように官立民営の異業種交流組織として成立し，現在は株式会社形態にしている組織もある。ここでは秘密保持契約を結び，現在約200社の企業が参加している。ビジネスと割り切り，組織的な体制も整え，東大阪市が建設した産業支援施設「クリエーションコア東大阪」の一室を事務所にしている[12]。「フロン

ティアひろしま協同組合」はマツダの下請会社15社の機械・金属系の組織であるが、文字通り協同組合である。第3章で述べる「KEC（釧路エンジニアリングセンター）」も協同組合であった。「京都試作ネット」も任意団体として成立したが、2006年には試作産業プラットフォームとしてつくられた京都試作センター株式会社に参加している。また、同じく機械・金属系の「KGN（きづがわグループネットワーク）」や「HIT（HigashiOsaka Industrial Thinking）」は会員間の

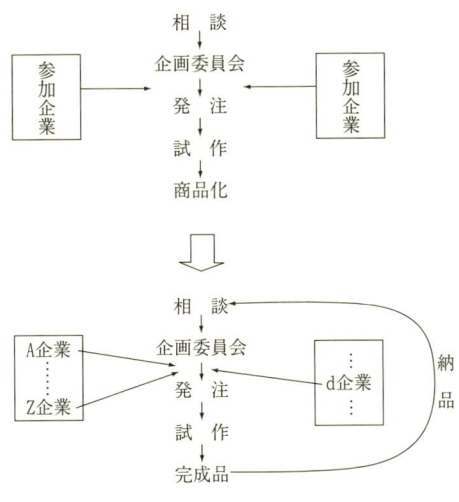

図1-2　ネットワーク化した共同受注システム
（ロダン21）

資料：ロダン21のHPを参考に筆者作成

信頼関係を基礎にしており、会員増加を主目的にしていない組織もある。これらの会員は十数社である。事務局は、事務所を確保する場合もあり、会員企業が持ち回りで事務局を担当する場合もある。

　【業務内容・運営システム】業務内容は、発注者からの共同受注と共同開発に大別される。先に述べた新価値創造機能はこれにあたるのであるが、零細な機械・金属加工企業は製品加工の一部の工程の技術しか保持していない場合が多く、個別企業の受注量はかぎられている。しかし関連する加工工程の技術をもつ企業と協働すれば、最終製品なりモジュール化した単位の製品加工が可能となり、それだけ受注の間口はひろがる。また、受注に応えるだけでなく、これら企業の協働によって、個別企業では開発できなかった新製品開発も可能となる。こうした価値創造によってネットワーク全体として競争優位につながっていくことができる。しかもこうした製造システムは大企業では不可能なシステムなのである。図1-2は受注のフローを示したものである。まず、受注者から「○○ができないか」という相談がもち込まれる。それを企画会議にかけて見積もり、受注の可否、受注者の決定が行われ、試作が始まり、それが成功

した段階で商品化につなげる，つまり発注者に納入するというシステムである。ロダン21のように少し大規模になると，市場調査やコンサルタント業務も行えるようになる。ここで述べた事例は機械・金属加工企業であるが，販売を専門とする企業やサービス業なども入っている場合もある。

5 北海道のネットワーク化企業の事例

4 で述べたネットワーク化された協同組織は北海道以外の地域の事例であったが，北海道にはそうした事例はないのであろうか。筆者はそうした事例は北海道にもあるが，それは北海道らしい資源や社会的共通資本に依拠した事例であることを第3～第5章で詳しく述べる。そこで，北海道らしい事例と 4 の事例とを仲介するものとして以下の2事例をあげておこう。[13]

1 北海道テクノロジールネッサンス研究会

「技術力の結集と共創で北海道発ものづくりを目指します」をキャッチフレーズに，2005年に設立された研究会組織である。メッキに関する特許をもち，少数精鋭の技術者集団を擁する企業がコアとなり，鋼材圧延用ローラーガイドの国産品開発の先駆けの会社，鋳物製品会社，水処理プラント企業，メカトロニクスの専門企業，農業機械メーカー，道産材による注文住宅工務店，コンサルタント会社の8社が参加している。各企業の得意分野と他社の経営資源を結びつけ，新製品開発の間口をひろげていこうとする試みである。8社は北海道内の各地に分散し，会員企業同士で秘密保持契約を結び，各企業が競って商品化可能な新製品をつくりだすことを目標にしている。研究会の段階であるため，将来の協同組織への道筋がみえているわけではないが，メーカー企業の少ない北海道にあって期待されるし，8社が広い北海道に分散して研究会として進めていることは，ネットワーク化の1つのモデルとなりうるかもしれない。

2 ㈱アグリスクラム北海道

2005年に23の農業法人が共同出資して，農産物・農産加工品を販売する企業として設立された。共同出資した法人（農家）の半数は農産品の加工も行って

第1章　地域経済におけるネットワークと地域づくり

図1-3　㈱アグリスクラム北海道のシステム

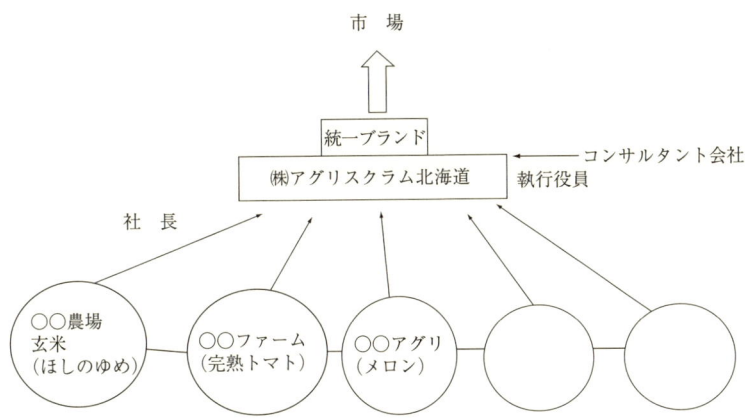

資料：筆者作成。統一ブランドは㈱アグリスクラム北海道のHPから引用

いたし，自分で販売するために法人にしていた農家であった。いわば農産品の共同販売会社である。消費者と生産者の架け橋となることをコンセプトに，豊かな食材の提供（ナショナルブランドではなくローカルブランドの味），実践的な農業経営感覚を磨く，農家育成の核となる，という目標を掲げている。各農家がそれぞれ販売会社をつくるより販路を協同化することによって販路が相乗的にひろがることを期待し，'大地の仕事'という統一ブランドもつくっている。同時に，会社のマネジメントをするために，地元コンサルタント会社の1人が執行役員として事業をサポートしている。この企業の構成員も北海道全域に分散しており，農産関連の北海道らしい協同組織のモデルを提供している。3年後の現在，出資農業法人も42となり増資している。

3　企業間ネットワークとコミュニティ・ネットワーク

ところで，地域というのは特定機能だけに特化した空間ではない。それぞれ，自然（資源），歴史・伝統，文化，これらを物質的に成り立たせている経済基盤とシステム（マクロ経済），そして何よりも地域に生きる人々の能動的な活動がある。そうした諸要素が有機的に結合した総合的な空間が地域である。いかな

15

るビジネスマンでも冒険家でも，必ずどこかの空間に狭義の意味での生活基盤をおいている。東京を飛び立って，ソウルで仕事をすませ，次の日はモスクワで，さらに次の日はパリで仕事をする，というようなスーパー・ビジネスマンでも，必ずどこかに居住地をもっているはずである。

　北海道のように，中央政府の支援で経済力を保ってきた地域にあって地域の自立を構想していくために，ともすれば自前で「飯が食える」経済力を向上させる構想に偏りがちだが，地域が自立していくには，地域の「かけがえのない」価値をみいだし，育て，質を高めていくことが大事であり，それを進める人材と同時にそれらを経済基盤や経済システムと結びつけていく（コーディネート）人材が不可欠であろう。現代はそれを柔軟に組織的に進めることが求められる時代である。

　先に述べたイタリア産地研究の第一人者G.ベカティーニ（G.Becattini）は，マーシャル（新古典派経済学の創始者）的産地をイタリア産地の原型と考えているが，そのマーシャル的産地の定義を次のようにしている。「人々のオープンなコミュニティと個々の企業人との積極的な共存に特徴づけられた社会領域的存在[14]」である。そして，産地は慣習とインフォーマルの空間範囲であり，そこでは，人々の立場は柔軟に変化し，いきいきとした競争と協同が行われ，ステータスや職業的移動は激しく，人々は起業したり雇用されたりするが，一貫して産地内にとどまる。だからこそ企業にとっても産地はembeddednessが不可欠であり，ビジネスとして外部市場と産地内の生産能力は特殊なコーディネーターが果たしている。つまり，マーシャル的産地とは生産と消費，ビジネスや労働，生活が一体のものとして存在している存在と定義したのである。

　イタリア産地のシステムが大きく変化している現在，こうした理念型の産業集積地域は現実に存在することは少ないし，産業構造や生活様式が大きく変わった現状をみると，そのままの形での産地の再生は時代錯誤にもみえる。しかし，彼の定義した生産と消費，ビジネス・労働・生活が何らかの形で総合化され，現代的に再生されることが重要である。

　地域再生とはそうした総合化を果たすことであり，将来の地域づくりのデザインを描き，そのためにコミュニティレベルの地域づくり運動と経済とコミュ

図1-4 地域経済と地域社会のネットワーク概念図

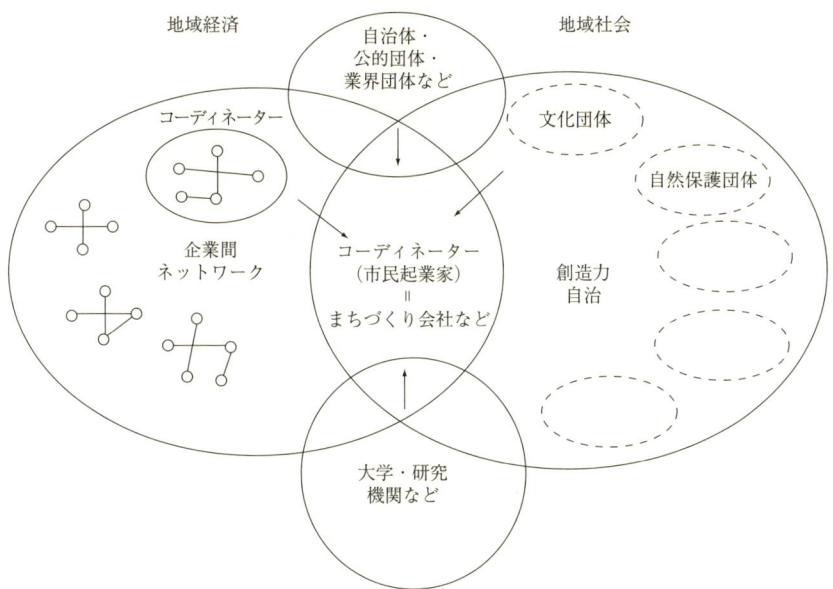

ニティを結ぶさまざまな組織や人のコーディネートをすることが再生への秘訣である。地域づくりはかつてのように，「官」が決定した「計画」を補助金などを媒介として進めるものではない。現在，注目される地域づくりの事例に共通しているのは，「民」の自発的な力と「官」の側面支援に依拠し，1つの動きが他の動きを生む柔軟な活動を通して，地域の「かけがえのない」価値を再生させ確立することである。そうした地域づくりの主体が「よそ者・ばか者・変わり者」といわれる，地域のつながりから自由な人，自己の利害だけに拘泥しない人，型破りで組織にとらわれない人，つまり地域づくりのコーディネーターなのである。

　こうしてみると，地域を基盤とした中小企業のネットワークのコーディネーターと地域づくりのネットワークのコーディネーターとは重なり合うところが多いことがわかる。図1-4は，その重なり合いを念頭に，筆者が現代の理念型の地域づくりコーディネートを図示したものである。左に，地域社会と結びついた専門化した産業ネットワーク（企業間ネットワークの集合），右に，産業ネッ

トワークを生み出し，質の高い生活を生み出すコミュニティの創造力と自治，その両者が重なり合う部分にコーディネーターがある[15]。このコーディネーターは産業ネットワークのコーディネーターや地域づくり運動家がなる場合が少なくない。これに自治体や大学・研究機関が支援組織として，あるいは自治体職員や大学人が自らコーディネーターとしてかかわる。第3～第5章で紹介するが，中小企業（組織）のネットワークとそれをコーディネートする組織（個人）と地域づくりのそれは小規模地域ではほとんど重なっている。いずれも，自己のビジネスおよびネットワーク組織の発展が地域経済の循環システム，自立都市の可能性，ふれあいに満ちた地域社会をつくっていくことを強く意識した活動であった。また，規模の少し大きい地域や産業が多数集積複合している地域では，そのコーディネート組織（個人）は地域社会，大学・研究機関，自治体と個別にネットワーキングしながら質の高い資源を獲得し，経済コミュニティづくりのコーディネーターとしての役割を果たしている。

　新しい型のネットワーク・協同組織にとってはコーディネーターの積極的役割がとくに重要になるが，この場合"人"の要素がたいへん大きい。コーディネート力とその主体の活動の場がひろがってきたことを積極的にいかすことが重要になり，コーディネートのあり方如何で企業間ネットワークの相乗効果や地域経済振興の正否が決まるとさえいいうるのであるが，このコーディネート力が日本企業（日本人）には弱いのである。この点は1つのポイントである。1つの組織を統合させる能力に優れていることは，島国による日本人の風土性・民族性にまでさかのぼらなくても，高度成長期の日本企業（ビジネスマン）が実証しているところであるが，逆に組織の仲間とは異なった別個の主体同士を会わせ，異なった意見を認め，複数主体を統合するという行為は苦手としてきたのである。高度成長期の規模の経済にあっては予想外の成果を上げた日本企業が，ネットワークの経済になかなか相乗効果を上げられないのもこのことが作用している。第3のイタリアの産業集積地域の評価をする際に，独特の小作制度に歴史的淵源があることも重要だが，それが高い効果を上げたのは，零細であるが故に柔軟なコーディネートに長けていたという事情にも依っている。地域づくり運動も同様であって，ミニマクロ経済としての地域経済の多様な主体

をどのようにデザインし，どのようにコーディネートするかが地域づくりの正否を握っているといってもよいのである。

1) 中小企業庁編『新中小企業基本法』(同友館, 2000年)。
2) 関満博『フルセット型産業構造を超えて——東アジア新時代のなかの日本』(中公新書, 1993年)。
3) ただし，組立型工業は，同時に空間的分離による生産が可能な産業でもあり，フルセット型産業構造が崩れた現在，日本企業の海外生産比率を押し上げている産業でもある。
4) Industrial Districts の邦訳については，産地と訳される場合が多い。日本の場合，産地という言葉は，伝統的工芸品などの生産に特化した地域というイメージと結びつく場合が多い。もちろん，Industrial Didtricts はそうした狭い概念ではないが，ここでは産地という訳に従った。
5) M.J.ピオリ・C.F.セーブル (山之内靖・永易浩一・石田あつみ訳)『第二の産業分水嶺』(筑摩書房, 1993年)。
6) その原型を綿密な実態調査の上に立って理論化したのが G.Becattini "Industrial Districts", Edward Elgar Pub.,2004である。この著作には，氏の産地概念に関する主要論文が収録されている。
7) C.Crouch, P.Le Gales, C.Trigilia, H.Voelzkov "Local Production Systems in Europe", Oxford U.P., 2003 (reprint), pp.60～66. C.Crouch, P.Le Gales, C.Trigilia, H.Voelzkov "Changing Governance of Local Economies", Oxford U.P., 2004, p.5.
8) 中村剛治郎編『地域の力を日本の活力に——新時代の地域経済学』(全国信用金庫協会, 2005年) 255～256頁。
9) 内田勝敏編『グローバル経済と中小企業』(世界思想社, 2002年) 45～52頁。組織論の議論によると，資源依存，取引コストに加えて，組織セット，制度化，協同戦略があげられている。筆者がこれから述べる協同組織 (会社) は協同戦略の組織間関係に近い概念と思われるが，ここでは指摘するにとどめる。山倉健嗣『組織間関係——企業間ネットワークの変革に向けて』(有斐閣, 1993年) 第2章，また，同『新しい戦略マネジメント——戦略・組織・組織関係』(同文館出版, 2007年)，高橋伸夫編『超企業・組織論』(有斐閣, 2000年) を参照。
10) 百瀬恵夫『新協同組織革命——過当競争を超えて』(東洋経済新報社, 2003年)。
11) 『中小企業白書』平成14年版。
12) 株式会社は協同組織ではないが，ここでは問わないことにする。
13) これらの事例は筆者が直接フィールドワークしたものではないことをお断りする。
14) G.Becattini "Industrial Districts", Edward Elgar, 2004, p.44.
15) 図1-4は，D.ヘントン・J.メルビル・K.ウォレシュ (加藤敏春訳)『市民起業家——新しい経済コミュニティの構築』(日本経済評論社, 1997年) p.56の図からヒントを得ているが，相当修正している。なお，この書におけるコーディネーターの原文は，

Grassroots Leaders となっている。

第 2 章
中央政府依存から内発性に依拠した北海道経済へ

はじめに

　地域経済学や経済地理学のオーソドックスな理論は，地域経済の成長を主に次の2つの側面から分析してきた。1つは供給サイドの地域経済成長理論である。この分析によれば，生産の3要素である資本，労働，土地の効率的な供給によってアウトプットを最大化することにある。したがって，生産の3要素の最大値の組み合わせが最大の効果を上げることになる。もう1つは需要サイドの地域経済成長理論である。この理論では，地域の産業を基盤産業（移出産業）と非基盤産業（地元市場産業）に分類し，基盤産業が成長することによって地域内での取引関係が活発化し，それが非基盤産業の成長を促し，地域経済総体が成長の循環の環を形成する，という論理構成となっている。
　いうまでもなく，近代経済の再生産の基本単位は国民経済である。グローバリゼーションの急進展の中で国民経済を超えた地域経済の単位（たとえばEUレベルの地域経済）も生まれているが，地域経済の基本単位は国民経済の一構成部分にあるといってよい。国民経済は地域経済の複合的な分業体系で成り立ち，完結した経済的再生産構造をもたなければならないが，国民経済の構成部分たる地域経済については必ずしも完結性は求められるわけではない。にもかかわらず，地域経済成長理論とそれを実施した政策が地域経済の成長を目標としたのは，個々の地域経済の成長が国民経済の成長に結実するという一般論からのみならず，地域の経済基盤が強固で地域間格差のないことが構造的に強く社会的に安定した国民国家につながるという認識に基づいていたからである。前述の2つの地域経済成長理論はこうした課題の理論的基礎を提供したが，そ

のための産業基盤が欠けている地域には政策としての大規模工場や大規模プロジェクト等の地域外からの誘導・規制策，そしてそれを補う産業として政府・自治体発注の公共事業等を基本として進められた。こうした，日本に典型的な政府（地方自治体を含む）と企業とが協働した成長主義的地域開発政策は，それぞれの地域の利害や願望を巧みに織り交ぜながら進められていったのである。

　高度成長期以降，基盤産業が弱い地域として中央政府がそれを支える対象地域は，一般には農村地域であるが，一定範囲の地理的地域における典型は北海道や沖縄であった。この両地域には北海道開発庁（現在は国土交通省北海道局と北海道開発局），沖縄開発庁（同内閣府沖縄振興局と沖縄総合事務局）という中央政府機関が存在し，政府直轄の地域開発が進められてきたのである。ここではその功罪の議論には入らないが，これらの存在はそれぞれ50年（北海道開発庁），30年（沖縄開発庁）と続いてきた開発のシステムや地域経済振興に今なお影響を与えている。

　本章では，中央政府直轄の開発の中で，地域経済の成長論と基盤産業の創出論が北海道と沖縄でどのように進められ，地域経済の自立にどのような課題をもたらしているかについて整理し，この2地域の最近の産業の動きとその方向性についてみておくことにしよう。

1　「依存」型の北海道開発

1　戦前の植民地経済構造

　北海道の現在の中央政府への依存型経済構造は，明治以来の植民地的経済政策によって形成されてきた。日本資本主義初期の北海道の位置づけは，ロシアの南下政策への防衛としての側面と同時に資源開発や食糧供給基地であった。しかし，日露戦争（1904～1905年）後は前者の意義は薄れ，後者が日本資本主義の発展にとっていっそう重要な意味をもつことになった。

　明治20年代に官営工場が民間に払い下げられ，明治政府はそれに対して間接的保護政策によって工業振興に努めたが，この時期の開拓政策は開拓の基礎的

条件の整備に重点がおかれており，北海道経済は単純な原料供給地たる位置を脱することはできなかった。北海道庁（国の機関）による民間資本の保護政策によって財閥系資本は北海道進出を始めたが，それは明治初期のいわゆる御用商人としてではなく，その中心は石炭や林産資源の取得と内地(本州をさす言葉)への移出（工業地帯への資源提供）にあった。したがって産業革命は起こらず，自生的な資本形成はかぎられていたのである。北海道の近代産業が本格的に発展を遂げていくのは第一次大戦（1914～1918年）以降であるが，それは同時に財閥系資本を柱とする独占資本の産業支配への歩みであった。

　まず，甜菜・酪農による製糖工業と乳製品工業は三井や三菱の支配，北洋漁業の発展を基礎にした水産加工業の独占（たとえば日魯漁業における三菱の支配権）が進んだ。石炭鉱業においては，生産高において北炭・三井系資本が北海道の60％，他の財閥系資本を含めると道外の資本が96.3％を支配し，採鉱区面積においても北炭・三井系が43.5％，他の財閥系資本を含めると70％を占めた（1930年）ことに示されるように財閥系資本が圧倒的な支配を確立していった。工業においては王子・北炭・三井が約15万町歩（1町歩は約100m四方），住友林業が1万町歩，三菱工業が3千町歩の山林を取得するなど，財閥系資本は森林資源の買収を背景に製紙業を支配し，後に王子製紙1社独占体制によって三井の支配が確定していく。製鉄業は当時噴火湾周辺の砂鉄を原料として北炭（北海道炭礦汽船）によって興されたものだが，大正に入って，北炭に対する三井の支配によって日本製鋼所，輪西製鉄所（現在の新日鉄室蘭）は三井の傘下に入ることになった。

　戦前の北海道の産業を支配した最大の資本は三井財閥であるが，三井・北炭とかかわって室蘭の日本製鋼所の分析を行った研究は，北海道の工業化が進まなかった要因を次のように述べている。三井は北炭と室蘭を通じて北海道最大の重工業を支配したが，三井の商人資本的性格のため，生産部門については不採算部門の切り捨て，組織の変更を絶えず繰り返す短期的採算重視の商社的対応に終始し，わが国最初の航空機エンジンをつくった実績があるにもかかわらず民需転換の機会を失い，新たな製品開発や関連工業の育成を手掛けることなく軍事・国家依存の体質を強めていった。その結果，「室蘭は高度技術を持ちな

がら，地域経済から隔離された『技術の孤島』となっていく」。「資本不足の北海道（にあって）……東京本社の一片の経営方針の変更によって地域経済が不安定の谷間に投げ出されたことは，不幸というほかはない」。「このとき経営者たちに，地域開発の発想が一かけらでもあったら，これら工場を周辺に展開し，労働集約的な精密機械工業地帯を造っていただろう」。遅れて北海道に進出した三菱，住友についても同様の傾向を指摘できるが，こうした道外資本の進出は北海道の資源を内地に移出し，あるいは数少ない北海道の資本を支配することによって財閥本社の利潤に帰する結果をもたらした。こうして北海道においては，自律的産業と資本形成は達成されなかったのである。

明治末期から大正にかけて形成された北海道経済の構造は次のようなものであった。1つは，財閥の掌握する一部の原材料部門とそれ以外の第一次産業とが産業連関をもたず並存していたということである。もう1つは，一方に炭鉱，パルプ，鉄鋼などの財閥系資本の近代工業がそびえ立ち，他方には食品加工，木材，煉瓦，漁網などの道内の零細資本が存在する二極構造が形成されたことである。「規模より見ると，中規模層，業種よりみると，関連企業が欠けて大きな断層をなしている」。こうした構造は，財閥系資本の取引にかかわる内地移出も多いが，衣類・雑貨など道民の生活必需品の多くを道外からの移入に依存することを示している。第一次大戦後の好況の中で，一部に地場資本の成長がみられるようになるが，戦争経済への移行の中で，財閥系資本の重工業はいっそう軍需・国家への依存を強めていくことになる。

また，北海道開発費を媒介にして，政治権力に大きく左右される構造を有していたことも北海道開発の特徴である。北海道に進出した中央政界の政党の主要な活動は，中央政府から多くの北海道開発費を引き出すこととされていた。地方議員の基盤も開発費への理解が成否を決定づけることになった。こうして「日本資本主義は，開発費を通じて北海道の産業を左右することができたし，同時に，北海道は中央資本への依存度を，いっそう深めていった」のである。

戦前の北海道経済は植民地経済であり，それは次のように要約される。

供給面から地域経済成長理論の要素に即していうならば，資本の供給は財閥系資本の進出の形をとり，労働の供給は没落士族や農漁民によってなされた。

前者は石炭資源，木材資源や一部の農産物の取得を主目的とした地元に根づかない資本であり，後者も一旗組の意識が強い労働力で，同様に地元に根づかないものであった。そして，土地はさまざまな層の開拓者の血のにじむ努力で豊富に供給された。そしてそうした活動に向けて開拓費が牽引するという構造であった。

② 北海道開発法と中央政府主導型の開発

　戦後の北海道開発は食糧増産，人口吸収を柱とする戦後処理策としての緊急開拓計画に始まり，それと並行して早くも1946年11月には北海道総合開発調査委員会が設置された。この委員会が1948年9月に出した北海道総合開発計画書は，戦後日本で初めての地域開発計画書であり，当時，完全自治体となった北海道自らがその開発方向を構想したものとして重要な意義をもつものであった。この計画書は，戦前の北海道開発は道民の生活に直接結びついたものではなかったとの認識の下に，次のような目標を掲げていた。すなわち，従来の植民計画から資源開発に重点を移し，高次の工業生産とそのための国家資金の導入によって産業構造の高度化を図り，北海道への定住とその生活安定をめざすべきであり，そしてそのために北海道開発法の制定，統一した開発行政機構と開発予算の確立がうたわれている。こうして資本主義下の北海道において初めて，植民地から脱して自生的な開発により日本資本主義の一環として発展していく方向が提起されたのである。しかしこの計画は，当時の復興途上の日本経済にあっては実現することはできなかった。[5]

　高度成長期以降こうした生産諸要素の投入のあり方は大きく変わった。高度成長期初期にはまだ北海道の資源への需要は重要性をもっていたが，エネルギー資源の石炭から石油への転換，外国産材への需要の増大などの事情によってその重要性は減退した。それに代わる経済資源としての労働力供給，食糧供給基地，リゾート基地として位置づけられ，日本の地域的分業に組み込まれることになったのである。他方では，大量生産・大量消費の経済システムの中で，札幌や地方圏の中心都市を拠点に支店経済が展開され，個性的都市としての発展というよりも，消費都市としての成長に大きく規定されることになった。

表2-1　現在までの北海道の開発・開拓計画

計画名	計画年	計画機関
開拓使10年計画	1868～1871	北海道開拓使
	1872～1881	北海道開拓使
───	1882～1885	三県一局
	1886～1900	北海道庁（国）
北海道10年計画	1901～1909	北海道庁（国）
第1期拓殖計画	1910～1926	北海道庁（国）
第2期拓殖計画	1927～1946	北海道庁（国）
	(1945)～1950	
北海道総合開発計画	1952～1961	北海道開発庁(国)
第1次5ヶ年実施計画	1952～1956	北海道開発庁(国)
第2次5ヶ年実施計画	1958～1962	北海道開発庁(国)
第2期北海道総合開発計画	1963～1970	北海道開発庁(国)
第3期北海道総合開発計画	1971～1980	北海道開発庁(国)
新北海道総合開発計画	1978～1987	北海道開発庁(国)
第5期北海道総合開発計画	1988～1997	北海道開発庁(国)
第6期北海道総合開発計画	1998～2007	国土交通省北海道局
新北海道総合計画	2008～	

1950年に，国土総合開発法の制定と同時に北海道開発法が制定され，それを根拠法として企画官庁としての北海道開発庁の設置，翌年にはその実施機関として北海道開発局が設置され，中央政府主導で北海道開発が構想・実施されることになった。北海道開発法はその目的に国民経済の復興と人口問題の解決をうたい，未開発資源（土地，水面，山林，鉱物，電力等）の総合的開発を進めるために，戦前と同様に中央政府の財政負担による国策としての北海道開発の路線が敷かれた。ハード施設整備を軸に開発行政が北海道開発庁に一元化され，さまざまな北海道特例を設けるなどの中央政府の厚い補助の下で，北海道開発は戦後直後から高度成長開始までは食糧難に対応する北海道農業開拓，工業生産力回復のためのエネルギー供給（石炭）が国策として進められたのである（**表2-1参照**）。

こうした体制下で1951年，北海道開発計画（昭和27～36〔1952～1961〕年の10年計画）とその前半の第一次5ヶ年計画が決定し実施に移され，続いて第二次5ヶ年計画が政府の新長期経済企画に対応して作成されることになったが，この計画の作成中に歴史的に重要な北海道開発論争があった。この論争は，現在における北海道経済の自立にかかわる内容を含んでいるが，紙数の関係で，その内容は語句説明を参照されたい。[6] 第二次5ヶ年計画は，未開発資源の開発の促進と工業化に向けた基盤産業を大きな目標としてあげたが，この計画が終了した1962年はときあたかも全国総合開発計画の開始年度にあたり，第Ⅱ期北海道開発計画は全国総合開発計画（一全総）と充分な調整の上で進められることになった。それは，かつての植民地経済の残滓を残しながらも，国民経済の地域的分業の一環としての北海道開発をより鮮明にしたものであった。第Ⅱ期計画は，

開発の目的・方向として豊富な農水産資源，用地・用水，鉱物資源の積極的な開発と工業化を結びつけ，それによって北海道の外部依存型経済体質を脱却し自立的発展をめざすこととした。そして政策としては，一方で農業の大型化・近代化，他方で道央新産業都市を核として，中核都市の育成と重化学工業化による道内諸地域への波及効果を期待した。続く第Ⅲ期計画は新全国総合開発計画（新全総）の下位計画として，北海道の開発適地の積極的利用による高度食糧生産基地（新酪農村など）と大規模工業基地（苫小牧東部など）の建設によって国民経済の要請に応える方向がめざされた。このような高度成長期の北海道開発の諸結果についてここで詳細に述べる余裕がないが，現在からみた結論にのみふれておこう。

　第1は，高度成長期以前にあった人口吸収，食料増産への期待感は完全に薄れ，前者については逆に太平洋ベルト地帯への労働力供給地域となり，後者は新全総において食糧供給基地たる位置が示されているものの，大きく変化する農業政策の中で明確な位置が与えられないまま推移していることである。

　第2は，原料供給基地としての役割を終えたことである。石炭鉱業は代替産業が欠如したまま消滅し，木材資源は海外資源に依存する度合が高まり，その重要性は低下した。漁業資源についても200カイリ制や資源の枯渇（乱獲）により生産力を低下させている。木材や漁業関連業においては，現在では海外の資源を取り扱う商社的な活動に転換している。

　第3は，高度成長による大量生産・大量消費の進展の中で，量産型の分工場の進出はあまり顕著でなかった反面，消費市場としての位置は高まったことである。いわゆる支店経済化であり，札幌支店を中継点として，北海道の諸地域は本社の下位システムとして東京などの大都市の経済に強く結びつくことになった[7]。

　第4は，北海道特例をともなった公共事業の補助金政策によって建設業とその関連産業は成長を遂げたが，工業の高度化は達成されず自生的な産業形成は未発達なままである点があげられる。いいかえると，産業の未発達を補うものとして土木・建設業が成長し，その最大の需要者が国の機関等であり，他府県よりも公共発注の割合が高いままになっている。

その後も，第三次全国総合開発計画（三全総）期間にテクノポリスが北海道には２ヶ所指定され，先端産業系の工場誘致をめざしたが，テクノポリス法がすでに廃止された現在，テクノポリスの中心と位置づけられた先端技術産業が基盤産業の一端を形成しているとはいいがたい状況である。リゾート法に基づいて構想されたり建設されたリゾート施設あるいはテーマパークも，それらの多くは破綻してしまった。山村地域での基盤産業とさえいわれたトマムやサホロのリゾート産業も，それを担っていた民間資本が撤退し，旧産炭地の新たな基盤産業づくりであったはずのテーマパークはすべて破綻した。夕張市がその典型であり，夕張市は観光・リゾート施設への過大な投資が財政破綻の大きな要因となり，財政再建団体にいたった。テクノポリスもリゾート構想も国の直接の政策結果ではないが，国の後押しなしには構想もできない計画であった。しかもその構想や計画は，国が計画するプロジェクトに乗り，北海道開発予算を見越して実施される産業振興策であった。産業振興を語る際の主語が「彼ら＝霞ヶ関」という意識ができ上がったのも国主導の振興策の結果である。

　もちろん，北海道経済も「発展なき成長」サイクルに委ねていただけではない。たとえば『自立経済への挑戦』は，高度成長後の北海道開発政策として自立経済の目標をあげ，膨大な赤字に陥っている域際収支構造の改善が重要な課題であり，そのためには工業化の遅れを取り戻すことに力を集中すべきだと提言している。そして，その際の戦略的産業として電子・電気機械などの先端工業，寒冷地のノウハウをもった輸出関連産業，住宅関連産業，リサイクル産業をあげ，実施地域としては，石狩湾新港工業基地と苫小牧東部大規模工業基地（苫東）をあげたのである。その後も，すでに失敗が明らかであった苫小牧東部工業基地に，戦略的工業地域にするために熱核融合炉実験施設を誘致するとか，一大産業廃棄物処理施設工場群をつくるとか，災害に対応する避難地域にするとかさまざまな「提案」やプロジェクトが構想された。それらは北海道経済の発展を願ったものであったが，いずれも今日まで，成功したものはないといって過言ではない。かえって，持続力は乏しく，経済効果は決して大きいものとはいえなかったが，一村一品の地域おこし（一村一品運動）の方が多くの農山村に「夢」を与えたといえるように思われる。なぜそれらの「提案」が成功しな

かったのか。それは，域際収支の改善＝自立ととらえ，そのための工業化であったにもかかわらず，工業化のためにまず外部資本を導入し，基盤産業として育て，域際収支の改善をめざす，という大型開発・外来型開発の思考の域を抜け切れていなかったからである。しかし，「依存」型経済の歴史的経過や現にあるノウハウや道民性（企業家精神の弱さなど）を念頭におくならば，そもそも外部から巨大規模の戦略産業を誘致してそれを育成するという経済発展戦略そのものを再考してみる余地があるのではないか。つまり，道内からどのような基盤産業を育て，域内産業との相乗効果的経済循環をどのようにして形成するか，そのためにどのような主体（企業や産業）とシステムが必要となるかを構想し，その上で，道内に欠けているものは外部との連携の中で獲得して，道内の相乗効果に寄与する，という発想――現実に対応した内発的地域マネジメント能力――が求められるのではないだろうか。このことは北海道のマクロ経済の振興に関していえるだけでなく，道内地域のそれぞれの地域振興においてもいえることである。

　結局，現在にいたるまで，価値レベルの経済自立の指標たる域際収支は一貫して赤字であり，道内総生産との比較でも改善の傾向はみられず，また，域際収支の赤字の産業分野と黒字の産業分野はほとんど変化していないのである（後掲表2-4参照）。

2　北海道経済の構造的脆弱性

　次に「依存」型経済からもたらされる北海道経済の構造的脆弱性について述べておこう。

　第1は，植民地型のモノカルチャー経済を脱却できていないという問題である。一般的に，植民地経済というのは，植民地が本国の経済発展に供するために，植民地の資源を奪取するためにのみ形成された経済のことをいう。目的が地域の資源であるから，中心地域（本国）にとってその資源への需要があり，また奪取できるかぎりにおいて投資がなされるが，逆の場合は資本が引き上げられることになる。北海道が植民地型経済といわれる場合，本州に奪取される資

源とは石炭，木材，一部の農産品であった。戦後，石炭，木材などを地域の中心産業としていた道内地域は，こうした資源の道外からの需要が縮小していくにつれ，経済がたちまち衰退することにつながった。旧産炭地はその典型であろう。石炭産業のメッカであった夕張市は，12万人近くを数えた人口が炭鉱の閉山により1万2,000人あまりにまで減少し，製造品出荷額も100億円程度となった。

北洋漁業基地として発展してきた根室市なども，北洋漁業とその関連産業しか存在しなかったために，その撤退によって，それに代わって地域経済の基盤となりうる将来成長可能な産業がみいだせない現状となっている。林業とその関連産業地域も，北海道における木材資源の枯渇や中国産材などとの競争のために，木材工場の姿は中国国内に移り，地元ではかつての木材工場は木材を取り扱う商社機能に代わっている。

第2は，第1の問題とも密接に関連しているが産業集積のひろがりが弱いことである。前章で述べたが，産業集積とは，一定の地域空間に，関連ある企業が集結してまとまりある産業を形成することと定義される。北海道の場合，近代産業としての前史がなく，しかもモノカルチャー経済であったため，技術とそれを担う人的資源の集積がみられず，いわば地域に根を張ったビジネスの展開があまりみられなかったのである。産業集積地域の事例として，道外の地域では，たとえば絹織物工業が発達すると，それに関連する織機生産（機械工業）が発達し，商品開発，デザイン，裁断，染色から精錬，鋳物，メッキなどの機械関連，さらには商社，卸売業そして関連サービス業という形で歴史的に一大産地が形成されていく地域が少なくないが，北海道の場合，そうした産地はほとんど形成されないままであった。つまり，すでに述べたように，室蘭に大鉄鋼企業があっても，製品を道外に供給する役割にとどまり，地域内経済循環に展開することがなかったのである。炭鉱のみならず，北海道の主要産業を掌握していた三井財閥は短期利益追求型の財閥という特徴をもち，地域での稠密(ちゅうみつ)な取引や地域での需要に対応するという発想もなかったのであり，それは戦後も克服されないままであるといってよい。また，伝統的地場産業の形成とそれにともなう職人集団の形成も，一部を除いて，みられることもなかったのであ

る。

　第3は，戦後，新しい産業の萌芽をみる間もなく，画一的なヒエラルヒー都市システムが形成されることによって，それぞれの地域が多様性をもち，個性ある自主的地域としての発展が停止してしまい，消費都市としての成長に委ねることになった点である。不足する産業は公共事業等で補う「依存」型経済としての成長にとどまった。ヒエラルヒー都市システムは大量消費にとって効率的なシステムであり，それが道内地方都市成長の要因であった。しかし，こうしたシステムは大量生産・大量消費が続くかぎりにおいて成長しうるが，多品種少量生産，消費の個性化，情報通信手段の発達，海外市場指向が進むにつれて，国内における大企業の垂直的組織システムに基づく多機能・多地域事業部制が崩れ，機能別のフラットな構造となり，地方都市の支店（営業所）としての役割は相対的に低下する。そしてこうしたヒエラルヒー都市システムの中で消費都市として没個性的に成長してきために，個性をもった，新たなる地域としての再生が困難になっている。

　第4に，石炭採掘など単一機能に特化してきた都市が多いため，中枢性とくに都市集積の弱い都市が多いという特徴をもっていることである。さまざまな機能の集中性という点では，北海道における札幌への機能の集中，道北における旭川への集中，十勝における帯広への集中など高い集中性を誇っている。しかし，1990年代以降は，札幌―地方中核都市―中小都市・農山村という重層的な機能集積のシステムが崩れ，札幌―道内その他の都市・農山村という単一の都市システムに大きく変化しつつある。たとえば，卸売販売額では札幌は北海道の60％を占めており，金融・証券取引などの機能はさらに高い集中率である。また，都市型産業については，道内の70〜80％の機能を集中している。

　都市型工業を代表する産業として出版・印刷業や情報産業があげられる。前述したように，札幌への工業の集中率は高くはないが，これらの産業については札幌への集中度は高くなっている。2004年には印刷・同関連業の58.8％が集中しており，集中率は高い。情報産業（3分の2はソフトウエア，情報処理・提供サービスが20％弱，システムハウス，インターネット付随サービス，その他）は1980年代から一貫して成長している都市型産業である。道内の2005年の売上高は

3,243億円であるが，その87.2％は札幌に所在する事業所の売上高であり，やはり札幌への集中率はきわめて高い。事業所も78.2％が札幌にあり，従業員数も84.8％が札幌である。しかもその半数以上は市内の中央区の売上高である。情報産業以外の都市型産業の札幌への集中率も高く，デザイン業は事業所では3分の2，従業員数では80％近く，年間売上高では86.2％が札幌に集中している。広告業も同様に事業所の76.2％，従業員数の84.1％，年間売上高の90％近くが札幌へ集中している。フィットネスクラブ，物品賃貸業は前二者に比べてやや札幌への集中率は低くなるが，それでも年間売上高では60～70％以上を占めている。こうした集中状況を札幌一極集中とよんでいる。これらの産業は21世紀型都市を表現する「創造都市」の重要な要素であるが，札幌が意志決定できる機能ばかりを備えているとはかぎらず，したがって，地域内で相乗効果が充分期待できる集積とはいえないのである。

　第5に，開拓以来，国策との関連が密接であったため，自己決定権の余地が少なかったことがあげられる。しかもそのことは時代に対応する経済が後手後手に回る結果になり，戦後の経済構造調整において少なからぬ負の遺産を残すことになった。日本経済は欧米へのキャッチ・アップで成功したが，北海道経済は日本経済へのキャッチ・アップで歴史的不運に遭遇したことが多い。国策としての苫小牧東部開発は，開発直後のオイルショックで事実上の事業ストップとなってしまい，その後組織形態などの改変はあったものの，2004年においても，分譲済み面積は工業用地面積の20％に満たないのである。1980年代に機械組立工業を中心に関東から南東北そして北東北へと動きつつあった工場立地の波もバブル経済の崩壊とともに止まってしまい，北海道にはその流れは来なかった。加えて，1990年代に入ると，中国などアジアへの工場移転が進んでいったのである。農山村地域の経済振興を柱の1つに据えたリゾート法の制定を契機に進められ，大半の市町村が観光・リゾート関連の構想・計画をもち，一部は実施されていたが，バブル経済の崩壊とともに構想・計画は破綻し，また実施していたプロジェクトも多くは破綻してしまい，地域経済振興が逆に地域経済に大きな負の遺産となっているのが現実なのである。リゾート構想ももともとは中央省庁の意を受けたものだったのである。

第6は主体的要因であるが，北海道の歴史性や地域性が希薄な人的要素が多かったことである。北海道に入植した日本人はいずれも，そのルーツを道外諸地域にもっており，北海道での成功を夢みた一旗組が多かったのである。そのために，長い歴史をもつ地域では「よそ者」が地域にとけ込めない側面が強くあるのに対して，北海道は「よそ者」を容易に受容する開放性をもつことになった。しかし開放性は地域振興においてはプラス要素にはなったが，同時に，人々が地域の産業や文化に執着しないという，地域への「思い入れ」に対して弱い精神構造をもたらしたのである。

3 自立経済を求めて

1 北海道経済の概観

　北海道の人口は，高度成長期を含めて開基以来一貫して増加してきた。1985年から1990年にかけて，特殊な要因で減少した時期もあるが，1995年に開基以来最高の569万2,321人となった。しかしこれを境にして2000年は568万3,400人，2005年は562万8,400人となっており，明らかに減少傾向に入った。各種のシミュレーションによっても，2030年には北海道の人口は現在より100万人程度減少するとの予測が出ている。[12] 高度成長期の人口の特徴は，農山漁村や産炭地から札幌およびそれぞれの圏域の主要都市への転入であり，自然減はみられなかった。それに対し，ポスト高度成長期（1974年以降）の人口の特徴は，第1に農山村からの人口移動数が飽和状態に達したこと，第2に道内の主要都市の人口がおしなべて減少していること，第3に農村部では自然減自治体も数多くみられるようになったこと，という点に求められるが，これらの要因は社会減と自然減双方が重なり合ったものであり，現状で推移するならば，きわめて深刻な状況にあることは間違いない。

　高度成長の初期には農業就業者はまだ全就業者の20%を超えており，林業や漁業を合わせると30%が第一次産業就業者であった。しかし，1980年代に農業就業者は10%を切り，90年代には全就業者の第一次産業の比率も10%を下回る

ようになった。2005年国勢調査によって，北海道の就業構造をみると，農林業6.4％など第一次産業就業者は7.9％にとどまっている。第一次産業はさらに減少し続けている。全国平均は，第一次産業が5.2％で北海道の方が少し高い割合を示しているが，生産性などの問題を別にすれば，農林業の比率は全国よりとくに高いわけではない。第二次産業就業者は19.3％（製造業8.4％／建設業10.9％）であるが，建設業が製造業を上回っていることが大きな特徴である。全国平均の製造業就業者は17.3％，建設業は9.0％であり，北海道の建設業就業者の多さと製造業の少なさが際だっている。1960年代までは製造業が建設業の就業者数を上回っていたが，70年代に入ると両者は逆転し，その差は開いてさえいる。ただここで考慮すべきことは1960年代までは鉱業の比率があったことである。第一次エネルギー源の割合が石炭から石油に逆転する1960年代初めまでは鉱業就業者は5％程度あった。1965年に鉱業は3.3％に低下するが，それに対応するかのように，建設業は1960年より2.6％増加している。もちろん，炭鉱労働者が建設業就業者になったとみるほど現実は単純ではないが，少なくとも1990年代まで，数字上は鉱業と建設業の合計が13〜14％の割合を保ってきたのである。製造業は，戦時体制期には15％近くあり，高度成長期には12％台を保っていたが，ポスト高度成長期には徐々に減少し，1990年代に入ると10％を下回るようになった。確かに，経済のサービス化などの現象を反映して，製造業就業者割合が減少するのは先進国共通の現象である。しかし，それは，重化学工業の成熟というフィルターを通しての減少であり，知識産業などへの移行と密接に結びついている。それに対して，北海道のそれは，一部の地域では新しい産業の集積がみられるものの，製造業，それと密接に結びつく新しい型の産業構造を生み出さないまま推移している。全国の第三次産業就業者割合は68.4％に対して，北海道の割合は72.6％（卸・小売業24.9％，運輸・通信業7.6％，金融・保険・不動産業3.4％，サービス業31.0％，公務5.1％など）であり，少し高い。とくに運輸・通信業，サービス業のうちホテル・旅館など観光や地理的特殊性に基づく業種や公務が高い。就業者総数は1995〜2005年にかけて減少しているが，サービス業で増加，不動産業で微増している以外の業種では減少である。

　次に産出額の多い産業を中心にその数字を確認しておこう。表2-2は20年

表2-2 主要産業の産出額等

(単位：億円)

	1980年	1990年	2000年	2004年
農業産出額	8,595[1)	11,175[1)	10,551	10,942
漁業生産額（属地）	3,520	3,928	2,860	2,479
製造品出荷額	51,924[2)	59,325[2)	59,172	54,647
食料品	17,502(34.1%)	19,145(32.3%)	18,698(31.0%)	17,713(33.3%)
機械	2,672(5.2%)	4,986(8.4%)	9,203(15.6%)	6,712(12.8%)
建設投資額	29,000	46,590	38,673	27,388
公共の割合	47.7%	46.9%	63.6%	55.2%
商業販売額	151,960 *1979年[3)	247,613 *1991年[3)	223,000 *1999年[3)	197,281
サービス業収入金額			87,570 *1999年[3)	

注：1) 農業産出額の1980, 1990年は農業粗生産額
　　2) 製造品出荷額の1980, 1990年の数字は1～3人事業所も含む
　　3) 表記年度の数字を使用
資料：『工業統計』『商業統計』『建設総合統計年報』『地域経済総覧』『サービス業基本調査報告』

間の主要産業の産出額等を示したものである。それをみながら概況をみていこう。北海道経済を支えている重要産業の1つは農業である。農業産出額（粗生産額）は1980年にはまだ1兆円以下であったが，80年代に1兆円台となり，その後20年間は1兆～1兆1,000億円台で横ばい状態といえる。漁業生産（属地）は1990年には4,000億円近くあったが，ここ10年で大きく減少させている。

製造品出荷額はここ20年は5兆円台が続いている。1990年代には6兆円近い出荷額であったが，しかしここ10年間で出荷額は減少傾向となっている。業種別にみると，食料品製造業がずっと総出荷額の3分の1以上を占め，出荷額のトップであることは変わっていない。ただ，農業生産を基盤とする食品加工および関連産業の集積力は高く，これからの北海道の基盤産業の1つが，食に関連する産業であることを念頭におくことが重要である。それに対して出荷額の低かった機械組立産業（機械4業種）[13]は1990年代には一定の伸びを示している。2004年には出荷額も6,712億円となり，出荷額に占める割合も，12.8％にまで上昇してきている。バイオ産業は2007年の売上高が約2,400億円であり，バイオ産業クラスターの2007年の売上見込みは295億円となり，近年急速に売上高を伸ばしている。

建設投資額は1989～1999年に4兆円を超えていたが，2000年に入ると急減し，

2004年には約2兆7,000億円まで減少し，さらに減少が続くことが予想される。建設投資額で特徴的なことは，民間よりも公共の投資額が高い割合を占めていることである。全国平均は，好景気期には公共の建設投資割合が30％以下になるときがあり，景気低迷期にも公共の割合はせいぜい40％台半ばである。それに対して，北海道の場合は，公共の建設投資割合は好景気期に40％台後半の割合となり，低迷期には60％を上回っており，公共への依存割合がきわめて高い。したがって，公共事業の減少はとくに建設業・同関連産業に大きな影響を与えることになる。そして，その公共工事の投資額は，2001年から2004年までの3年間だけで44.3％も減少した。省庁再編成により北海道開発庁は国土交通省の一部局となったが，農水省と国土交通省（旧運輸省と建設省分）の北海道にかかわる予算権限を北海道局と北海道開発局が握っていることには変化はない。農水省，旧建設省，旧運輸省の北海道分の予算を計上した北海道開発事業費は減少の一途をたどっている。1996・1997年には1兆円近くになった予算であったが，2008年度予算は6,209億円（そのうち，公共事業関係予算は約6,100億円）となった。全国の公共事業関係費に占める割合も漸減し，1980年代前半までは11％程度であったものが9.2％へと割合を下げている。中小建設業を中心に，建設企業は他の分野への事業選択肢や撤退のシステムも十分にもたないまま破産し続けている。公共事業への依存度が高いことは，政治・行政の動向に大きく左右される事を意味するが，現在の国および自治体の財政危機や市民意識などを考慮するならば，今後，減少こそあれ公共事業依存に回帰することはありえないのが現実であろう。

　商業販売額はバブル経済期に20兆円（卸売＋小売）を超え，その後も20兆円台を維持してきたが，ここ数年間は商店数，従業者数とともに販売額も減少傾向にあり，2004年の販売額は20兆円をわずかに下回る金額となった。商業販売額のうち卸売は札幌が6割近くを占め，小売も35.4％の集中率となっている。小売販売額の減少については，高級ブランド品の売り上げの減少や安売りを売り物にする大型店の商品が売り上げを伸ばすなど，個人消費の冷え込みに起因する要因があげられ，地域的には札幌以外では減少幅の大きい地域が多いが，札幌がその減少分を吸収する構造となっている。2004年の小売販売額は2兆3,330

億円で2002年の小売販売額より650億円の増加となっている。しかし，札幌以外の販売額合計は1,490億円の減少となっており，他地域の経済力の吸収という側面もある。卸売販売額の減少は札幌でも顕著で集中率も下降傾向にあるが，大手スーパーマーケットと産地の直接取引など取引形態が変わりつつあることが影響している。

　サービス業分野は大きく伸びており，1999年の収入金額は8兆7,570億円となっている。また，IT産業の売上は2006年には3,823億円を記録するなど順調な成長を示している。第一次産業でのIT技術導入が加速していることや立地が進む自動車関連のソフト開発需要などが拡大していることも成長の要因となっている。コールセンターも，その雇用形態には課題は多いが，雇用は2万人弱に達している。主要なサービス業の年間売上高をみると，物品賃貸業は約2,600億円（2005年），情報産業は約3,243億円（2005年），広告業は約1,327億円（2003年），結婚式場は約277億円（2002年），葬儀業は約370億円（2002年），ゴルフ場は約400億円（2001年），デザイン業，機械設計，テレマーケティング，カルチャーセンター，フィットネスクラブ，映画館，エステティックサロンなどがそれぞれ数十億円の売上高となっている。個人サービス業や宿泊業などは全道にひろがっているが，ただ，IT産業や都市型産業（専門サービス業，広告業，デザイン業など）は札幌一極集中が顕著である。

2　政府財政依存と域際収支の赤字

　まず，産業別の総生産をみてみよう。日本で2002年に生み出された総生産に占める第一次～第三次産業の生産額（約497兆9,000億円）の割合は92.8％，政府サービス生産者（電気・ガス・水道，サービス業，公務）は9.2％である。それが北海道においては，産業の生産額（約19兆6,000億円）は道内総生産のうち86.9％で，政府サービス生産者による生産額の割合は15.0％となっている[14]。明らかに，北海道は全国に比して政府のさまざまな活動が生み出す割合が高いことがわかる。その総生産に対応する総支出をみたものが**表2-3**である。

　民間最終消費の割合は全国も北海道も同じ割合であるが，政府最終消費支出の割合は全国が17.6％に対して，北海道は25.6％となっており，北海道の政府

表2-3 総生産に対する国内総支出と道内総支出の割合
（2002年）
(％)

	日本	北海道
民間最終消費支出	57.1	57.0
政府最終消費支出	17.6	25.6
総資本形成	24.0	24.1
民間総固定資本形成	18.0	12.8
公的総固定資本形成	6.0	11.2
民間企業在庫品増加	0.0	0.2
公的企業』在庫品増加	0.0	0.1
財貨・サービスの純輸出（日本）	1.2	6.7
財貨・サービスの輸移出入（北海道）		
総支出	497兆2031億円	19兆6356億円

資料：北海道『平成14年度　道民経済計算年報』平成17年3月

支出割合がかなり高くなっている。総固定資本形成においては民間（設備投資など）が18.0％に対して，北海道は12.8％にとどまっている。そして公的固定資本形成は全国が6.0％に対して，北海道は11.2％となっており，公共事業などに支出された割合が全国よりかなり高いのである。このように，民間の設備投資の割合が低くて，政府最終消費，公共事業などによる支出の割合が高いというのがマクロ経済的にみた財政依存度の高さなのである。

表2-4は1980, 1990, 2000年の北海道の産業別域際収支をみたものである。これをみると，1980年以降域際収支の赤字額は2兆円を超え，しかも1990年と2000年の間にデフレ時期さえあったにもかかわらず，赤字額は増加しており，2000年の域際収支赤字総額は約2兆7,805億円である。この域際収支を産業別に類型化してみることにしよう。

第Ⅰ類型は域際収支に積極的に寄与している産業であるが，これには「農業」「水産業」，製造業では「食料品」「パルプ・紙」，そして「運輸・通信」が該当する。いわばこれらが北海道の代表的な基盤産業である。第Ⅱ類型は域際収支赤字の主要因となっている業種であるが，「林業」「鉱業」そして製造業の「機械製品」「化学製品」「繊維製品」「その他製造業」「金属製品」「皮革・ゴム」「印刷・出版」など多くの製造業種が該当する。製造業の赤字額が全産業の赤字額に近い数字になっていることが域際収支の赤字の主要因であることを意味して

いる。とくに「機械製品」の赤字はずっと赤字要因産業のトップであり，金額も1兆円大きくを超えている。「化学製品」もずっと5,000億円以上の赤字が続き，「繊維製品」と「その他製造業」が3,000〜4,000億円の水準で続いている。第Ⅲ類型はそのいずれでもなく，交互に赤字や黒字になる産業である。製造業では「鉄鋼製品」「木製品・家具」がそれにあたり，第三次産業では「商業」や「サービス業」である。交互と述べたが，「鉄鋼製品」「木製品・家具」は北海道の移出部門だったのである。したがってそれらの産業は成長から衰退に向かっている産業と理解する必要があろう。いずれにせよ，域際収支表から，こうした産業の構造的脆弱性が北海道の域際収支の赤字の大きな要因であることが読み取れる。

表2-4 北海道の産業別域際収支

(△はマイナス，単位；億円)

	1980年	1990年	2000年
第一次産業	785	2839	3,220
農業	956	2688	3,227
林業	△492	△292	△175
水産業	321	443	168
第二次産業	△26,844	△28,066	△28,755
鉱業	△4,708	△2876	△2,710
製造業	△22,136	△25,187	△26,045
食料品	687	6,377	3,166
繊維製品	△3,214	△4,083	△3,049
木製品・家具	△160	844	△591
パルプ・紙	2,780	3,454	2,303
出版・印刷	△638	△883	△1,013
皮革・ゴム	△627	△1,057	△1,059
化学製品	△5,336	△5,878	△5,823
石油・石炭製品	△2,499	△1,262	△877
窯業・土石	△969	△604	△393
鉄鋼	623	△303	23
非鉄金属	△15	△708	△636
金属	△2,179	△2,266	△1,484
機械		△15,118	△13,211
その他	△1,684	△5,640	△3,401
建設業	0	0	0
第三次産業	3,075	△427	△2,270
電気・ガス・水道	△9	7	△18
商業	2,713	289	△3,111
金融・保険・不動産	7	△189	△670
運輸・通信	1,249	1,832	1,320
公務	0	0	0
サービス	△483	△421	226
分類不明	△403	△1,100	18
合計	△22,984	△24,800	△27,805

資料：「北海道産業連関表」(1980, 1990, 2000年)

　国民経済における地域経済は開放性が高く流動性も高いことが特徴であり，域際収支を黒字にしなければ地域経済が成り立たないわけではない。地域経済は国民経済の分業体系によって成り立っており，効率的な地域的分業は国民経済の成長の要因にもなる。国際収支の大きな赤字は国家破綻に帰結することもあるが，国民経済における地域経済はそうはならないのである。また域際収支表はあくまで貨幣を媒介とする物的財貨の取引の表であり，建設業は物的財貨の不動性のために域際収支は±0

であり，また，現在は資本収支は算定されていないなどの不十分性はある。しかし，地域経済の自給と自立を計る指標であることも間違いない。その意味では，域際収支は当該地域の産業戦略を打ち立てる基礎資料となりうるものである。こうした域際収支の赤字が人々の生活水準の低下に直結するわけではないし，政府活動によって域際収支が赤字の地域と黒字の地域を平準化することができる。しかし域際収支の大幅赤字が継続することは，当該地域の基盤産業（移出産業）が成長していないことを表している。こうしたマクロ経済の地域的差違の平準化を進めなければ統一した国民経済の安定性を保つのが難しくなり，そのために中央政府による経済力補填＝地域格差是正策が求められることになった。その経済理論的基礎が政府財政支出（公共事業など）によって有効需要を創出する需要サイドの経済政策であった。国による地域格差是正策の始まりから数十年経た今日，そうした諸政策の結果が，「依存」型経済体質から抜け出せていないと評価されている。北海道で新しい産業を切り開いていくためには，理論的にも政策論的にも地域に埋め込まれた供給サイド重視の地域経済振興策が求められているといえる。

3 期待される産業と産業集積の可能性

1 食産業の集積とバイオ産業

周知のように，北海道の農業生産額は全国の12.6％を占め，自給率も200％に達するなど他の産業を圧倒する生産力水準を誇る。そうした中で，食品の安全に対する関心，北海道農産物のブランドイメージ，地産地消意識の向上，広義の観光産業との連携の必要，バイオ産業の資源，食糧自給率低下への危機感などに対応して，やはり北海道は農業・農産関連業を基盤産業にすべきだ，との声が次第に高くなっている。北海道企画振興部による「食料産業分析用産業連関表」（2002年）によると，食産業（食用耕種農業，林産物，水産物，食品加工）と関連産業（飼肥料，農薬，農業機械，食品加工機械，食品関連商業・運輸業，飲食店やホテルの飲食部門など）の生産額は，北海道の全産業の19.0％を占めている。そして根室支庁では38.5％を占めるなど半数の支庁で20％を超えている。食品加工は製造業出荷額の３分の１以上であり，農産物・海産物の域際収支はずっ

と黒字で，全移輸出に対する割合は20.9%を占める。製造品のうち化学製品出荷額の割合は決して高くはないが，その38.2%は飼肥料，農薬等農業に関連するものである。また，雇用においては，生産部門のみならず，流通やサービス部門もきわめて重要なのである。

　食産業は，地域的にはそれぞれの地域イメージと結びついた「食産業クラスター」ともいうべき産業集積がみられ始めている。たとえば，後で紹介する「ハルユタカネットワーク」（ハルユタカとは小麦の特殊な品種）は，食産業とまちづくりを結びつけた新しいタイプの農産関連の産業集積といえる。同じく後で紹介する，森林資源を生かした森林クラスターをめざしている道北・下川町，馬鈴薯―でんぷん―高次の加工品生産の産業集積を進めた十勝・士幌町の食品クラスター（コンビナート）[15]，乳加工や豆類・麦類・米類・糖類と結びついた空知・砂川市の萌芽的な菓子産業クラスターが成長している地域もある。食産業クラスターは，広義には観光産業と密接に結びついているが，とりわけ体験型観光や自然発見型観光などが観光産業の中心の１つに座りつつある現在，地場性，本物志向が求められる中で，より高度の付加価値をもった食産業として重要性をもちつつある。

　バイオ産業は，成熟化社会にあって成長が期待されている産業の１つである。バイオが産業化できる分野は，①健康食品など機能性食品の開発，②化粧品素材の開発，③医薬品分野の研究開発の３つであるが，北海道には①②にかかわる農林水産資源の豊富さを基盤に，バイオ産業が全国よりやや高い成長途上にある。北海道経済産業局はバイオ企業を対象にした調査結果を発表しており，それによると，バイオ産業クラスターの2007年売上高（見込み）は294億7,000万円に達し，1999年の100億円強と比べると３倍近くに伸びた。1999年に110名ほどだった従業員も1,000人を超えている。医薬品関連分野の弱さはあるものの，農林水産資源を活用したバイオ産業はさらに伸びていく可能性をもっている[16]。

　このように，すでに高い生産力水準にある食産業を北海道，北海道内の各地域の基盤産業にしていく現実性は高い。産業クラスターは歴史と伝統，豊富な地域資源，地域技術，地域人材や地域的関係資本に基づいて深化を遂げていくからである。今，「基盤産業にしていく現実性が高い」と述べたが，すでに基盤

産業であることも事実である。しかし今後，成熟した食産業時代の基盤産業として競争力を強化していくには構造的にも意識的にも以下に述べるようなさらなる変革が求められる。

　第1に，食産業は自然的生産物に基づいていることを前提に，持続性を維持することである。機械系産業などと異なり，自然の営みの範囲内で成長・持続するため，自然と効率性のバランスの上に立って展開することが重要である。これは同時に，北海道の食産業のブランド確立と密接に結びついている。

　第2に，天然素材だけに依存せず，他地域と差別化されたノウハウ，技術，デザインを積極的にいかすことである。コンブやタラコの原料生産地は北海道なのに，付加価値は大阪商人や博多商人につけられてしまった酢コンブや辛子明太子がたとえ話としてよく出されるが，豊富で良質の農林水産品に安住せず，それらに多様な付加価値をつける地域力と組織力が求められる。そのためにも知的財産権の積極的利用も重要な課題である。従来と異なり，北海道の農林水産品の高付加価値化が進められているのも事実であるが，生産額では全産業の生産額の19.0％を占めるのに対して，付加価値の全産業比は14.9％にとどまっており，付加価値をつけていく力に弱さがみられる。これを生産額比と同水準まで引き上げることが求められる。

　第3に，地域内の市場基盤を確立することである。地域内といっても，北海道レベル，支庁レベル，より狭域の範囲，市町村など多様であるが，それは当該商品のイメージするマーケットに応じて設定すればよい。地域内で安定した顧客の確保なしには地域外市場の確保は持続性をもたないからである。

　第4に，できるかぎり，同一空間に関連産業を集積させ，産地形成を戦略的に進めていくことである。一言で農産品といっても関連産業は多様である。農産物と各農産品の一次加工―二次加工……最終加工，そして，各加工段階にかかわる衛生技術，発酵技術，保存技術，包装やデザイン，調理器具製造，加工のための加工機械とその補修，運送やマーケッティング，ホテル・旅館，レストラン，土産物店など観光との結びつき，農業試験場など研究機関との結びつき……。少なくとも農産品と直接的な結びつきが強い関連産業については，できるだけ同一空間に集積させることが望ましい。また，ファッションと同様に，

現在は「食」も多様化し，機能や嗜好も絶えず変化する時代である。一方では「永く顧客を惹きつける」製品が求められ，他方では短期間で新たな顧客をつかむ必要も生じる。こうした市場動向を絶えず更新しておくためには，供給側が市場情報を共有しておくことが求められ，そのためには同一空間で活動して社会的関係資本の優位性を保つことが重要になる。

第5に，同業種・異業種のネットワーキングとそれらをコーディネートする人材の必要性である。農産品の場合，素材を提供するのは農家（最近では農業法人のケースもある）であるが，こうした直接生産者間，直接生産者とメーカーなどの企業との結びつきは弱い。しかし，食産業の集積にはこうした結びつきが極めて重要となる。第3章のデイリーサポート士別は農家同士のネットワーキングによって相乗効果を生み出しつつある事例である。また，第5章のハルユタカネットワークは農産品を原料とするメーカーが媒介となって農家やさまざまな関連産業が消費者にいたるまでネットワーキングしている事例である。

2 自動車部品工業の集積

苫小牧東部開発地域（苫東）は新全国総合開発計画（新全総とも二全総とも略記される）で大規模工業開発の1つとして開発が始まった地域であるが，現在も工場の分譲率は低く（用地面積に対する分譲済み面積は約20%），前述したように，さまざまな活用案が考えられてきたが，未だ有効な活用案がみいだされているわけではない。しかし最近になって自動車産業集積の動きがみられるようになった。苫東において，1980年代にいすゞ自動車㈱北海道工場（2002年からいすゞエンジン製造北海道㈱）が操業を開始しエンジンの製造を行っていた。そして2006年2月にアイシン精機の100％出資子会社としてアイシン北海道㈱が苫東に設立された。アルミホイールの一貫工場をもつ愛知県の企業も苫東への新工場立地を決めた。苫東への立地はまだ多くはないが，周辺地域への自動車関連工場の設立とあわせて，千歳─苫小牧の自動車関連産業集積地域の可能性へ，期待が膨らみつつある。1991年には苫小牧西港地域にトヨタ自動車の100％出資のトヨタ自動車北海道㈱が設立され，その第1～第5工場でオートマチックトランスミッション，アルミホイール，トランスファーなどの生産が行われ，2007

年の売上高1,756億円，従業員3,451名（2008年3月）である。2007年4月に自動車部品メーカー大手のデンソー100％出資のデンソーエレクトロニクスの設立が発表され，千歳工場団地内で2009年から車載用半導体製品の生産開始予定である。その他，エンジン部品工場，金型メーカー，バネメーカー，アルミ自動車部品メーカー，線材加工メーカー，自動車用鋼材メーカーなどの新規立地や工場拡大などが続いている。その波及効果は新日本製鐵室蘭製鉄所などにも及んでいる。

　自動車関連メーカーの立地は，何よりもまず，有効求人倍率が全国平均の半分程度にとどまっている北海道の雇用にとって大きな改善要素である。立地した企業との取引が増加していくと，こうした企業からの技術指導が刺激となり，技術水準は上昇する可能性をもつ。また，部品の域内取引が活発化すれば，域内経済循環も円滑になり，産業連関の相乗効果がいっそう高まってくる。自動車産業は基盤技術，中間技術，組立技術を総合化した産業であり，技術の汎用性も高く，長期的には産業転換にも対応できる技術的基盤を提供する可能性もある。

　このように，以前からの懸案であった苫東への一部の自動車関連工場の立地は，苫小牧にとどまらず，北海道にあっては比較的順調に工場立地が進んだ隣接する千歳の工場団地とともに，北海道製造業のアキレス腱であった機械組立工業の集積地域の可能性をみせており，北海道経済にとっては望ましいことであろう。しかし同時に，自動車産業は先進国では成熟段階の産業であり，海外立地との激しい競争にある産業であり，北海道で上述のような効果を発揮するには次に述べるクリアすべき課題も多い。

　第1に，自動車・同関連産業の北海道進出の要因の1つとして労働力確保が容易なことがあげられる。したがって，労働力供給力が安定しなくなったり過剰に転ずると，北海道への立地の主要な優位性は失われてしまう。この産業は国民市場を基盤としているわけではなく，世界を生産―販売対象として活動しているからである。

　第2に，仮に，完成車まで一貫した生産体制を見通した地域対応をするにしても，それに見合う高度技術者を確保できる可能性は現段階では困難といわざ

るをえないことがあげられる。

　第3に，部品等の複合的な取引関係を深化させるには長期的なスパンが求められるが，その間に取引可能な関連企業をどれだけ育成することができるか，さらに，行政の持続的な支援体制も問われることがあげられる。九州北部には完成車までの一貫した工場もあり生産体制はかなり充実しており，関連工場の裾野のひろがりがみられるが，それでも部品の地元調達率は33％にとどまっており，調達率をより高めることが求められているのが現実である。北海道の地元調達率は6.5％にすぎず，九州並みの調達率をめざすにも道は遠い。

　第4に，第1～第3の課題と重なることであるが，これまで機械組立工業のビジネス環境や成熟した都市環境が十分でなく，地域に埋め込まれた（embeddedness）産業として成長していくには地域の側の課題が多いことがあげられる。関係者の中には，地域産業として定着させる戦略を考えるには遅い，との意見もある。

3　IT産業

　全国的にもそうであるが，北海道で期待されている産業の1つにIT産業がある。[17] ㈳北海道IT推進協会の『北海道ITレポート2006』によると，情報産業総売上高は3,243億円となり，工業出荷額の約6％に相当する金額となっている。従業員も約1万6,500人に達し，食料品製造業に次ぐ雇用規模となっている。業種はソフトウェア67.0％，情報処理・提供サービス18.4％，システムハウス8.0％などとなっており，ソフトウェアが大半を占めている。職種はSEとプログラマーが60％以上を占めており，とくに道外本社企業でその割合は70％以上に達し，雇用不足もこの職種に集中している。顧客も同業の情報処理産業が27.8％を占めており，全体として，受託した業務を豊富な労働力で進めるという性格が強いといえる。

　IT産業の産業集積は札幌市内を中心にいくつかみられる。最初にIT産業が集積した地域の1つが札幌テクノパークである。札幌テクノパークは1986年末にエレクトロニクス関連の研究開発型工業団地としてオープンしたものであるが，現在，40社程度の企業が立地しており，従業員数2,300人，北海道内のIT

産業売上高の12%を占めている。また，JR札幌駅北口に「北口ソフト回廊」と呼ばれるIT産業の集積地がある。1970年代後半から地道に事業を進めてきた企業がスピンアウトして1990年代からこの地域に立地してきた。これらを総称してサッポロバレーと呼ばれている。[18]

札幌IT戦略の一環として，2000年頃からコールセンターやデータセンターの立地も進められている。2006年に北海道内のコールセンターは52社，パートを含む雇用者数は1万4,600名となっており，厳しい北海道内の雇用情勢にあって少なからぬ雇用を提供している。少し古い数字になるが，2003年の政策投資銀行の報告書によれば，年間運営費は78億2,000万円である。コールセンターにも桑園駅前地域のようにITフロントゾーンと呼ばれる集積地（桑園駅前地域—JR札幌駅の1つ西側の駅）がある。[19]

このように，IT産業は北海道でも右肩上がりの成長の軌跡を描いており，高い雇用力，注目される技術力，さらには道外向けの売上高も34.7%を占めるなど，地域の基盤産業（移出産業）として発展していく可能性のある産業分野である。しかし同時に，基盤産業たりうるにはまだ安定感に欠ける課題もある。

第1に，最も大きな課題であるが，下請業務に依存する度合いが高いことである。北海道のIT企業の業務は受託サービスが中心であり，発注側の事情によって経営が左右されかねない。1990年代の北口ソフト回廊が北海道の旧産業に代わる新しいタイプの産業として全国的に注目されたにもかかわらず，2003年に，早くも曲がり角に来た，といわれた最大の原因は，この下請依存が抜けきれない経営体質にあった。また，下請依存は海外の発展途上地域のIT企業との競争で厳しい局面に立たざるをえないことも意味する。企画・デザイン力によって発信サイドへと経営転換することが重要である。

第2に，下請業務への依存は，自ら市場開発する営業力が弱いことと表裏の関係にあるということである。つまり，IT技術に精通した営業の人材と高い技術力とのバランスに立った経営が求められるのである。

第3に，以上のこととも関連するが，単純労働・非正規労働を求める営業には絶えず撤退というリスクをもたざるをえない点である。とくに，コールセンターの立地に関してはこのことがあてはまる。北海道の報酬は首都圏の

70〜80％といわれており，それが立地要因ともなっているために立地は必ずしも安定したものではない。

　第4は，企業間ネットワークが必ずしも強くないことである。20世紀型の企業は多機能の経営資源を経営体内部に蓄積し，組織的には垂直的システムをとる寡占企業として成長してきた。それに対し，IT企業は各企業が自己のコアコンピタンス（中核能力）に集中して経営資源を蓄積し，各企業がコアコンピタンスを持ち寄る水平的なネットワーク型経営を特徴とする。市場シェアを奪う競争からネットワーキングによって市場を創出することがIT企業の経営戦略の基本となる。ところが，創業以来の人的ネットワークは強いものの，事業創出のための企業間ネットワークは必ずしも活発とはいえず，高い開発技術がマーケットの創出につながっていないのである。

　第5は，IT産業は都市型産業であり，しかも札幌一極集中傾向が強いことである。IT企業の地域別状況をみると，北海道の事業所数の78.2％，従業員数の84.8％，売上高では87.2％が札幌に集中しており，他の道内主要都市におけるIT産業はほとんど存在していないといえる。IT産業は，都市型産業として都市としての産業集積には効果的であり，札幌や主要都市の基盤産業としては重要であるが，都市と農村を含めた北海道の基盤産業と位置づけるのは妥当とはいえないのが現状である。

　以上，食料産業，自動車関連産業，IT産業の最近の10数年の産業の動きを追いながら，北海道のこれからの基盤産業の可能性について探ってきた。他にこれからの北海道を支える産業として観光産業，環境・リサイクル産業，高齢化社会に対応するシルバー・福祉産業などもあげることができるが，観光産業を除くと，現段階では産業としてまだ定着していないものもあり，また，道内の個々の地域経済を支える産業として重要性は増しつつあるものもあるが，北海道経済にマクロ経済レベルで成長を牽引するところにまでには道が遠い。観光産業はこれまでの北海道経済の主要産業の1つであったし，新しいタイプの観光産業として成長可能性をもっているのも事実であろう。ただ，1990〜2000年代初頭に観光と密接に関係するリゾート産業の大半が失敗した——その典型が過大な観光・リゾート投資を主要因とする夕張市の破綻——経験があるために，

慎重に考えざるをえないこと，筆者が北海道経済の基盤産業として最も可能性をもつと考えている食料産業と密接な産業連関の中で考える必要があることなどを考慮して，本章では観光産業についてほとんどふれなかった。

いずれにせよ，他地域からの基盤産業への投資を期待し，それを基礎として北海道経済の振興を考えるという発想を大きく転換させることがまず求められると思うのである。供給サイド重視の地域振興を地域内（北海道内）の資源，人材，社会的関係資本に求めるためのコーディネート力が今ほど問われているときはないのではないだろうか。

4 「発展なき成長」サイクルからの脱却

構造的に厚みのある地域経済の場合，外需による刺激が供給サイドに次々に伝播することによって，新たな供給が生みだされ，また，それが地域内外の需要を呼び起こし，経済構造をさらにハイブリッド化するという循環の中で発展を遂げていく。しかし経済的に厚みの薄い地域経済の場合，こうした即興的相乗効果を生む循環が円滑に進まず，地域の外部からの力で押し上げられるにとどまり，成長はするけれども地域経済としてのハイブリッド化は進まないままに次の景気循環の波に呑み込まれてしまう「発展なき成長」サイクルが続く。[20]そして現在の構造改革とグローバリゼーションの中で，経済構造の脆弱さを表現している域際収支の大幅赤字や道民総支出における政府財政支出の高い割合を改善していく経済構造上の見通しが得られないまま，北海道経済はグローバル競争に投げ出されているといって過言ではない。

したがって，そこからの再建のためには従来型と異なった発想の経済的な「自立」が求められる。その発想が地域内から産業おこしを進める供給サイドの経済学である。ここで筆者がいう経済的な「自立」とは域際収支の赤字解消をさしているわけではない。地域経済の「自立」とは，地域がみずからの意志をもって地域と地域間の複合的経済循環をマネジメントすることである。そしてそのためには，何らかの基盤産業が必要なことは論を待たない。問題はそうした産業のイメージと産業形成の方法である。本章の冒頭に述べた経済学および経済地理学における地域経済成長理論は，供給サイドでは地域外からの資本の供給，

需要サイドも基盤産業の立地と市場拡大による地域所得還流効果を前提にしている。それは，大都市に本拠を構える寡占資本による大量生産品の市場確保という現実の反映であろう。しかし基盤産業は他地域からの導入以外に考えられないのであろうか。また，量産品を生産する大企業だけが基盤産業たる資格をもつのであろうか。

基盤産業による地域経済成長論で考えてみよう。何らかの基盤産業がある場合，その産業（企業）の移出増およびそれにともなう雇用増は当該地域に企業や従業員の所得増をもたらす。その産業（企業）の旺盛な設備投資は，当該地域に関連する産業がある場合には非基盤産業（地元市場産業）の成長を促すことになる。非基盤産業群は基盤産業への供給によって成長すると同時に，その資材等の需要を地域外の産業（企業）に求めるか，地域内にそうした需要を満たす非基盤産業がある場合には地域内での取引を活発化させる。地域内に基盤産業の需要を満たす産業があり，地域内での取引が多ければ多いほど地域内の非基盤産業の成長は促進される。ポイントは，基盤産業と非基盤産業の取引関係がハイブリッドしていく中で，第2の基盤産業（企業）が生まれるかどうかである。第2，第3の基盤産業が生まれていけば，当該地域の基盤産業は複合的になり，企業城下町のリスクを受けにくくなる。あるいは，当該地域に基盤産業（企業）といえるような経済ではなくても，上述のような地域内取引を活発化させることによって，非基盤産業から基盤産業が生まれてくる可能性がある。その場合には他地域の産業（企業）との取引によって当該地域の非基盤産業に与える刺激が重要となろう。この刺激が起業にもつながっていくことが重要なのである[21]。

基盤産業を手っ取り早く獲得するには量産品の移輸出市場を内外にもつ大企業を誘致することである。しかもその産業が幅広い関連産業を必要とする機械組立工業であればよりいっそう効果があるし，現実に高度成長期以来，大都市からの工場移転や量産品の市場拡大にともなって，その移転や新規工場建設の対象地域として中小都市や一部の農村地域が選択され，そうした地域に「突如として」基盤産業が生まれ，地域経済活性化に大きく寄与した事例があるのも事実である。しかしそのような地域の基盤産業づくりが多くの地域で成功する

こ␣とも不可能である。とくに国際的なプロダクトサイクルによる工場立地が進んだ1990年代以降は，国内での工場移転に期待をかけることはいっそう困難であり，東北のいくつかの地域で生じているように，立地した産業・企業が海外への移転によって当該地域の工場の縮小・撤退につながる場合もある。また,「突如として」生まれた基盤産業であるが故に，関連する取引を行う企業が連鎖して技術やノウハウの幅広い産業連関を形成することなく，「砂漠の中のオアシス」として域内経済の質的向上に寄与しないままに終わったことも少なからぬ地域が経験してきたことである。

　上述の2点からいえることは，第1に内発性に基づく基盤産業形成の可能性を追求してみること，第2に中小規模企業の集積に基づく基盤産業形成の可能性の2点である。あらかじめ誤解を解いておくが，筆者は外発性や大企業の誘致を否定しているわけでは決してない。地域に欠けているもの，蓄積の弱いものについては，地域外や大手企業との連携を進めることは，とくに北海道の多くの地域では重要と考えている。こうした内発的成長論を産業や経済にとどめず，経済の質的向上，教育や文化など総合的な理論として展開していけば内発的発展論の基礎となりうると考えられる。

　とはいえ，基盤産業の形成そして成長は簡単に果たせる課題ではない。ある意味では世紀の大事業であるといえるし，どのような産業を戦略的産業とし，どのようなグランドデザインとそれを遂行する事業を必要とするか，そのために関係する企業家の意欲はもちろんのこと，産学官の協力と連携がどの程度ありうるか，しかも行政の計画書では10年は長期計画であるが，それ以上の長期間を要する等々，クリアーすべき課題は多い。筆者は基盤産業を創造する方法として，地域に埋め込まれた内発性と地域の中小企業の集積を通じた産業システムを念頭においている。本章では明示していないが，北海道で内発性の可能性のある比較優位産業としての農水畜産業関連と構造的な危機が最も強く，しかも業務としてのノウハウをもってきた建設業を念頭においている。加えて数多くの企業の存在ではなく，産業連関をつなげるコアコンピタンスをもった企業の集積とそれを企業間のネットワーキングによって進めることを念頭においている。経済学では国民経済・地域経済の成長の要件として，資本・土地・労

働そして技術があげられている。

　要するに本書では，国民経済・地域経済これまでと異なる発想で経済や社会の新しいシステムとそのハイブリッド化が求められていることを述べてみたい。[22]

　本章は，新しいシステムやそのハイブリッド化の主体としてのコーディネーター，システムとしての企業間協同の意義と現代的役割について述べようと思う。道内外の新しい企業間連携による相乗効果をいくつかの事例に則して紹介し，北海道経済の「自立」への可能性にふれてみよう。断っておくが，戦略的産業を無視するというわけではない。一国経済論にせよ，地域経済論にせよ，供給サイドからは資本・土地・労働の供給増加のモデル，需要サイドからは基盤産業の導入・育成のモデルを基礎に成長戦略が考えられてきた。戦略的産業があって初めて構造的に強い経済が展開されるという考え方は，いわば経済学のイロハに属するといってもよいだろう。しかし，その時々の時代の流れの中で，何はともあれ基盤産業を育成するという方針の下に受け入れてきた戦略的産業と工業地域の失敗を教訓とするならば，違ったレベルの発想から考察する必要がありそうである。その1つが企業間協同のシステムである。

1）　板橋守邦『屈折した北海道の工業開発――戦前の三井物産と北炭・日鋼』（北海道新聞社，1992年）186～189頁。
2）　湯沢誠氏は，日露戦争後工業化は進んだが，それは財閥による支配過程であり，地場産業は伸びようとする芽を止められ，そこに北海道産業の基本的性格が現れてきたという。地方史研究協議会編『日本産業史大系2　北海道地方編』（東京大学出版会，1960年）99～100頁。伊藤俊夫編『北海道における資本と農業――酪農業と甜菜糖業の経済構造』（農林省農業総合研究所，1958年）38～48頁。
3）　地方史研究協議会編・前掲2）102～103頁。なお，田中修『日本資本主義と北海道』（北海道大学図書刊行会，1986年）第2章を参照。
4）　地方史研究協議会編・前掲2）341頁。
5）　実現しなかった事情については，北海道『新北海道史　第6巻　通説5』（北海道，1977年）332～339頁。
6）　一言でいえば，今後北海道を特別扱いの開発とすべきか否か，したがって，府県と同レベルで開発を進めるべきか否かという論争であり，現在まで北海道の開発計画を作成するたびに底流としてある論点である。北海道行政調査会編『北海道開発政策の分

析と展望——開発論争史」。北海学園大学開発研究所編『北海道開発の視点・論点』(北海学園大学開発研究所，1998年) とくに第3部1。
7) 高原一隆『地域システムと産業ネットワーク』(法律文化社，1999年) 第2章で，札幌支店および旭川，釧路，帯広支店のアンケート結果に基づいて詳述している。
8) 永久寿夫「北海道道州制特区の悲惨」Voice 2008年2月号。
9) 北海道未来総合研究所編『自立経済への挑戦——北海道の視点』(日本経済新聞社，1980年)。
10) 北海道IT推進協会「北海道ITレポート2006」http://www.hicta.or.jp/report/pdf/2006.pdf
11) 宮下柾次ほか編著『経済摩擦と日本農業』(ミネルヴァ書房，1991年)，第3章(拙稿)工業の地域的再編成と地域システム。
12) 北海道の2030年の人口は，国立社会保障・人口問題研究所編「都道府県の将来推計人口」(平成14年3月推計) によると約476万8,000人であり，日本経済新聞社編『北海道2030年の未来像』(日本経済新聞社，2006年) では約464万人と推計している。
13) 工業統計では機械産業とは，一般機械，電気機械，輸送用機械，精密機械の4つに分類されてきたが，2003年の統計から，一般機械，電気機械，情報通信機械，電子部品・デバイス，輸送用機械，精密機械に分類されている。
14) 産業と政府サービス生産者を合計すると100%を超えるが，帰属利子など控除部分を含む数字だからである。
15) 高原一隆・前掲7) 211頁。
16) 北海道経済産業局「北海道バイオレポート2008」http://www.hkd.meti.go.jp/hokio/b_report08/index.htm
17) 経済産業省によると，2001年に産業クラスターとして19のプロジェクトが計画されたが，その1つが「北海道スーパークラスター振興戦略」であり，その戦略的産業がバイオテクノロジーとその融合分野(生命情報学)とITである。
18) サッポロバレーという名称は，札幌に比較的技術力の高い企業が成長し，アメリカのシリコンバレーになぞらえて呼ばれるようになった。この名称は，札幌全域のIT産業を総称していう場合と，札幌駅北口一円に立地しているIT企業群だけをさす場合がある。さらに，あるシンクタンクは，後者のうち，自主製品開発・サービスをもつ企業群をサッポロバレー・コアとして別に分類している。政策投資銀行北海道支店『サッポロバレー・コア・ネットワーク』2000年。
19) 北口ソフト回廊には，事業創出や交流の場の提供を目的としてシリコンバレーのビジネスカフェ社と提携したビジネスカフェ「札幌BizCafe」がつくられているが，その目的は充分達成されているとはいいがたいのが現状である。しかしたとえば，ソフト開発による共同受注をめざして，複数の企業が出資してつくられたアルファトレンドなどのような企業は注目してよい。
20) バブル経済の対極の側面としての第二次過疎時代以来，「発展なき成長」は問われ続けている概念である。安東誠一『地方の経済学——「発展なき成長」を超えて』(日本経

済新聞社，1986年）。
21) 宮本憲一・横田茂・中村剛治郎編『地域経済学』（有斐閣，1990年）74頁の図を参照されたい。
22) 政治・行政レベルの問題として，2006年の国会で成立した「北海道道州制特区推進法」は，国から道への財政・権限委譲，道から市町村への財政・権限委譲という分権の内容を含んでおり，自立経済にとって重要であるが，いまだ議論が不透明でもあるため，この問題には直接はふれないことにする。

第3章
企業間ネットワークと地域経済のパラダイム

1 企業間ネットワークと自立経済への展望

　第1章で地域経済の発展における企業間ネットワークの意義について述べた上で，第2章では北海道経済の歴史的経過と実態について述べた。そこで述べたことは，植民地経済として出発したが故に，その経済が地域外の諸事情によって大きく左右され，中央政府の深い関与によって経済が底支えされてきたという点である。つまり地域からみれば，中央政府への「依存」型経済構造の定着であり，「依存」型経済構造によって地域経済の自立が阻まれてきたことを見てきた。筆者は，地域経済の振興にとってミクロレベルの地域企業のネットワークによる相乗効果の創出が重要であると考えているが，これといった基盤産業（移出産業）をもたない「依存」型経済構造の状態にある地域こそ，その発展のためには企業間ネットワークがとくに重要だと思われる。まず，その理由から述べることにしよう。

　第1は，すでに第2章で述べたことと密接に関連している。すなわち，上述のような地域には基盤産業を育成という方針の下に受け入れてきた戦略的産業の誘致の失敗を教訓とし，基盤産業にすべく戦略産業を軸とした経済発展戦略そのものを再考してみる余地があるのではないか，という点である。戦略的産業としてこれこれの産業なり企業を外部から誘致する，という発想から始まるのではなく，地域内からどのような基盤産業を育て，それらが域内産業との相乗効果的経済循環を形成するための産業戦略を考え，そのためにどのような主体とシステムが必要となるかを踏まえた上で，地域内に欠けているものは外部

との連携の中で獲得し，地域経済の相乗効果に寄与する，という発想——現実に対応した内発的地域マネジメント能力——が求められると思うのである。もちろん，移出のための戦略的産業を外部から誘致することを否定するものではない。とくに長い間「依存」型経済下にあった地域に欠けているもの，蓄積の弱いものは少なくない。そうしたものについては，地域外や大手企業との連携によって補完することはある意味では不可欠である。しかし，地域に埋め込まれた資源・技術，資本があくまで主であり，地域外のそれとはそれを補完するものとしてネットワーキングするという発想が何より重要である。

　第2は，地域に依拠することが不可欠な事業や，地域から発信する事業を展開することである。第2章で述べたように，札幌のIT産業は，札幌のみならず北海道を支える都市型産業として注目され伸びてきたが，そうした成長の成果が文字通り地域に蓄積されていくためには課題も少なくない。札幌のIT産業の最大の課題は，東京圏からの受注に依拠する業務が多くの割合を占め，そのために絶えず，発注する地域・企業の動向に左右されることにある[1]。誘致される工場についても同様である。誘致工場は分工場の場合が多く，本社や主力工場の指揮命令系統に属しているために工場に自律性がなく，改廃も本社の指示で行われる場合が多い。他方，「地域に依拠することが不可欠な事業，地域から発信する事業」を展開しているものには小規模な事業所が多く，空間的にも分散立地しているケースも少なくない。しかしこうした事業と事業体こそが地域経済を持続可能（サステイナブル）にさせていく可能性をもっている。したがって，こうした事業を展開していくためには，小規模な事業所が多様にネットワーキングして相乗効果を生み出し，しかも空間的にはできるかぎり同一空間に集積することが重要なのである。北海道の食料産業はそうした事業が可能な産業の1つであろう。事例として紹介するデイリーサポート士別は，酪農家のネットワークによる新しいタイプの事業展開であるし，江別のハルユタカネットワークは生産者（農家・農業法人）から消費者にいたる地域内ネットワークによって事業を展開している事例である。

　第3に，「地域に依拠することが不可欠な事業，地域から発信する事業」を展開している中小規模の事業所には，それらをコーディネートして束ねる意欲と

能力をもった人材が存在していることがあげられる。古くからの工業地域では，機械・金属分野などの集積地にそうした人材が見受けられるが，北海道には，食料産業分野にそうした人材が数多く存在している[2]。食産業を軸にした産業ネットワークを強調するのも，そうした人材の存在なしには考えられないのである。確かに，産業ネットワーク発展の契機には，農業生産の危機が媒介しているのも事実であるが，危機が媒介してこそこうした人材が顕在化したのである。次節3で述べる㈲デイリーサポート士別のようなシステムは全道の酪農地帯にひろがりつつある。

第4に，協同のネットワークを形成する条件が存在していることである。北海道の公共事業は一層削減の方向にあり，それはとりもなおさず，「依存」型経済の内部で形成されてきた利益共同体の崩壊をも意味する。さりとて道内には，その波及効果によって経済を牽引しうるような寡占的大企業は存在しない。したがって，ややネガティブな評価ではあるが，他の選択肢がない中では中小企業の協同化に向かわざるをえない。大事なのは，そうした協同化の実践の中から，将来に向けてサステイナブルな北海道経済の芽を大事にし，創造していくことであろう。

第5に，企業間ネットワーキングのひろがりは，コミュニティの再建と密接に結びついているということである。札幌市周辺や一部の都市を除けば，医療，福祉，移動（交通）などの面でコミュニティが崩壊状態になっている地域は少なくない。企業間ネットワークは確かに地域経済振興の一手段であるが，同時にコミュニティの再建という課題をもたざるをえないのである。地域振興には，「よそ者・ばか者・変わり者」が不可欠といわれるが，北海道は開放的で他地域からの人を容易に受けつける土壌があり，地域振興を進める人々が活躍できる場がある。事例として，木材関連業と暮らしを結びつける下川町の森林ネットワーク，人々の暮らしのネットワークとしての栗山町の地域通貨 'クリン' の活動について述べている（第6章参照）。本章では，農業関連産業と公共事業にかかわる建設業のビジネスネットワークの事例についてやや詳しくみることにしよう。

2 北海道における最初の共同受注会社──KEC──

　北海道・釧路市にKEC（釧路エンジニアリングセンター）という協同組合の会社があった。過去形で語るのは，残念なことに，この協同組合はすでに機能しなくなってしまっているからである。

　KECは1987年に5社で協同組合として発足し，センターは機械購入費を含む総工費12億円をかけて1988年10月建設された。図3-1に見られるように，敷地1万9,000㎡／工場延べ面積8,611㎡で，小規模の5企業の協同の工場としてはかなり広く，主要生産設備も充実していた。5社はそれぞれ専門的加工技術を保持していた異業種であり，太平洋炭礦（日本最後の炭礦として2003年に廃坑となり，現在，釧路コールマインとして事業継続）の下請け会社であった。KECは専門化した技術やノウハウをもった企業のコアコンピタンスを集結させることによって受注の幅を広げ，そうした相乗効果を目的として設立された会社である。5社（早川鉄工所，日基工業，島本鉄工，協立鉄工所，日栄電気工業）はそれぞれ厚もの機械加工，薄もの機械加工，電気制御，コンピュータソフトなどを専門とする企業で，1社では受注不可能な仕事を5社のネットワーク生産システムで受注し，炭坑などからの仕事の減少に対応しようとした方法であった。

　こうした生産システムを構想し，実践していった中心人物が5社のうちの早川鉄工所社長・早川幸吉氏であった。早川氏は炭坑事業の将来への疑問，下請け事業による不安定な受注，そのために技術の活用の不効率，利潤が本社に環流してしまうことによるリーケージが発生し，そのために釧路市内で発注される鉄工関係事業のうち80％を他地域の業者が受注してしまう現実に立って，地域での事業活動が地域経済に貢献しないことを喝破したのである。早川氏が5社を組織して協同組合を設立した理由がここにある。発足後，「釧路の機械工業おこしは町おこしの一つ」（早川氏の発言）として着実な受注が続いた。しかし，バブル経済の崩壊後，1993年7月に早川氏が亡くなり，同年末，早川鉄工所は自己破産申請をして倒産した。当時の北海道新聞は，「地元ベンチャー企業倒産，地元財界に衝撃」などの記事を掲載した。筆者がKECの存在を知り，

図 3-1　KEC の概観（1994年）

資料：1994年時の KEC パンフレット

　初めて訪問したのは，早川氏が亡くなって以後のことであったが，KEC のメンバーから早川氏についての話を聞くにつけ，早川氏が元気で活躍していたならば，現在その重要性が強調されるようになった社会的企業家（早川鉄工所は，先代から受刑者の厚生のため雇用に尽くした会社であった）として位置づけることが可能であったのではないかと考えられるのである。

　早川氏の死後，KEC を構成していた日栄電気工業㈱の高島氏が中心になってさまざまな事業を試みてきた。KEC は早川氏の時代にコンテナ・リフティング装置（貨物の積み卸しの効率化），切断角度を調節して建築用鋼材を斜めに切ることのできる電動式のこぎりの一貫生産，脱気包装装置の試作，自動ウニ割り機の共同開発などを進めていたし，早川氏の死去後，高島氏が中心になって，災害非常用停電ライト，木材用のハーベスター制御装置，脱臭・油吸着・土壌改良・酸度矯正・湿気除去などに効果ある「ゼオライト」の製品開発を進めたり，他企業との連携で水処理装置やでんぷんトレー（長野オリンピックに採用）などの開発にも取り組んだ。「ゼオライト」の開発は石炭採掘の副産物を利用した製品であったし，北見工業大学，釧路高専，北海道工業試験場などの研究機関との連携も強めた。技術力はあっても市場の確保が難しい傾向のあるベンチャー企業の弱点を克服するために，KEC に商事部門を設置し営業力強化

にも力を注いだ文字通り，エントレプナーシップあふれる活躍であった。

　KECは発足の趣旨が地域経済への寄与であり，地域の技術力の活用（炭鉱技術の応用），労働力の活用，地元の企業や試験・研究機関との連携など，徹底して地域に埋め込まれた企業活動を行うなど地域共生型の企業ネットワークであった。

　結果として失敗してしまったこうしたネットワーク生産システムの経験は，なぜ失敗したかの教訓から学ぶことが重要であるが，筆者は失敗を跡づけることにためらいをもったまま追跡調査を果たしていない。地元釧路では，身の丈以上の開発投資に資金を投入しすぎた，という見方や行政を含めた支援体制が弱かった，等の意見があるが，この失敗の教訓は今後の協同的生産システムの展開に向けて正確な分析をしておく必要があろう。

3　協同の飼料工場設立による地域経済への貢献
――酪農家のネットワーク会社：㈲デイリーサポート士別の事例――

　この事例は企業間というより，生産主体間（農家）のネットワークによって，協同生産組織をつくり，相乗効果を上げつつある事例である。農林漁業金融公庫はこれを「中小酪農家の生き残りモデル」と称している[3]が，よりポジティブな評価を与えることができる事例だと考えられる。

　確かに北海道内外を問わず，酪農家が減少の一途をたどっている現状からすれば，「生き残りモデル」という規定は妥当とさえいえるかも知れない。しかし「生き残り」とはいかにも消極的であろう。本章の主旨かかわらせていえば，こうした事業体を協同で運営することは，協同による新たな価値の創造という積極的な評価を与えることが可能であると考えられる。

　酪農の生産過程は一言でいえば，牛の世話と搾乳にかかわる工程である。この工程は2つの作業過程に分けられる。1つは，牛舎の中での作業であって，6回／日の給餌，2回／日の搾乳，牛舎内の清掃（麦わら交換など）がそれにあたる。もう1つの過程が労力とコストのかかる作業であって，牛の飼料（牧草，デントコーン）の肥培管理，収穫，更新，堆肥散布である。前者は牛乳という製品の直接的生産過程であるのに対して，後者は間接的生産過程をなしている。

この後者は，冬期こそ作業としてないものの，春には融雪剤散布 → 肥料散布 → 堆肥散布 → 耕作 → 植え付け → 夏季は牧草の刈り取り，裁断，バンカーサイロへの運搬・貯蔵／秋はデントコーンの収穫 → 運搬・貯蔵と重労働が続く。とくに高齢化の進んだ酪農家では，この作業は酪農家自身の身体的負担と後継者難の重要な要因なのである。これに加えて，こうした作業にはトラクターなど大型の農業機械が必要とされ，そのための経営コスト負担ものしかかる。

　従来から生産・生活面で交流のあった士別市の23戸の酪農家が，悪化する酪農業の環境と経営の改善を求めて行動を始めたのが2000年である。すでに1989年には士別市内にあった4農協が合併し，士別農協に一本化されていた。1989年当時の酪農家は70戸であったが，2000年には42戸と1法人に減少，高齢化の進展と後継者難でさらに減少することが予想される状況であった。㈲デイリーサポート士別はこうした状況を打開する酪農支援システムとして2001年11月に設立された法人である。それまで酪農研究者からは，協同化の試みなしには酪農の未来は困難だと提言されながら実現しなかった酪農支援のための協同会社の設立であった。酪農支援体制には4つある。1つはヘルパー制度であって，繁忙期に必要な労働力を供給できるよう計画的に人材を調整するシステムである。2003年現在，北海道内に100のヘルパー組合，468名の専任ヘルパー，650名の臨時ヘルパーがいる。2つ目はコントラクター制度である。コントラクターとは作業請負人のことをさし，飼料生産のための作業請負の制度である。2003年現在，北海道内に122のコントラクター組織がある。㈲デイリーサポート士別のシステムの基礎は，このコントラクター制度にある。3つ目はTMRセンターである。TMR は Total Mixed Ration（総合混合飼料）であるが，飼料生産，配合，配送，牧草地管理などを行うシステムの核になる事業体である。北海道には8センターが稼働しており（表3-1参照），㈲デイリーサポート士別はその中でも構成員数，飼料生産面積，飼養頭数において最大の会社である。4つ目は民間のコンサルタントである。具体的には獣医師や税理士が開業しているコンサルタント会社が酪農家のニーズに応えて，技術的サービスや経営等にかかわるサービスを提供している。[4]

　2000年5月，士別酪農組合連合会にコントラクター検討委員会を立ち上げ，

表3-1　北海道内で稼働するTMRセンター（2003年）

社　名	構成員数(戸)	飼料面積(ha)	頭数(頭)	労働力の調達
㈲オコッペフィードサービス	9	450	720	出役
㈱東もことTMR	6	350	400	外部委託
㈲デイリーサポート別海	7	480	500	出役
㈲中島デイリーサポート	6	310	450	出役，雇用
㈲デイリーサポート士別	23	1,315	1,550	出役，外部委託
㈲デリバリーフィードセンター名寄	6	390	500	出役，雇用
㈲カウフードトイカン	9	525	600	出役
㈲ミクセス	－	－	－	社員

資料：農林漁業金融公庫の報告書による

　前述のような作業を共同で行うことによって作業量の軽減と飼料生産の効率化をめざし，飼料生産にかかわる作業を請け負う仕組みを構築しようとしたものであった。たまたま検討委員会に参加した酪農家の多くは団塊の世代が多く，そろそろ次世代の酪農を考えざるをえない事情もあった。その多くは後継者が決まらないままであったし，たとえ現在は子どもたちが自分たちと一緒に酪農に従事していても，自分たちが引退してしまうと，肉体的・精神的責任がすべて跡継ぎ（子どもたち）にかかることとなり，彼らが果たしてそうした負担に耐えて事業を継続できるかが，苦労しながら事業を切り開いてきた現世代の酪農家達の疑問であった。もちろん，この地の酪農の灯は消したくない，という思いも共有していた。検討委員会では，後継者確保にとって最も大事な作業軽減のための外部化から検討を始め，足かけ2年にわたってさまざまな角度から検討をした結果，主に経営規模からみて外部への作業委託には適していないことが確認された。それに代わって浮上したのが総合飼料センター方式（TMR）であった。コントラクター方式では，委託する作業者の作業の仕方によって作業内容に格差が生ずるという難点があるが，TMR方式だと同質の飼料を公平に配送でき，しかも土地を効率的に利用することになる。事実，個々の農家で行う場合には飼料原料もすべて自前で栽培しなければならないのだが，法人化することによってその必要はなくなり，また，休耕も可能になったのである。

　このような経過を経て，2001年に23戸の農家の出資（500万円）によって設立された会社組織が「㈲デイリーサポート士別」である。この協同会社の投資額

は約5億円にのぼり，この資金は自己資金に加えて，信連，公庫，各種ファイナンス会社から調達している。施設はバンカーサイロ23基，飼料タンク11基に加えて洗浄・蒸気殺菌施設を有し，自走式ハーベスター，飼料混合機，サイレージ取出機，TMR梱包機，殺菌棟ボイラー・コンプレッサー・洗浄機など23台を有している。各種施設機械は2002～2003年にかけて完成した。土地（登記）は1,130～1,150haの面積を保有し，デントコーン，牧草などの栽培を行っている。実際に配合飼料が生産されるようになったのは2003年8月からである。[5)6)]

この会社の設立目的は次のようである

- 23の酪農家が管理している草地を一元管理し，肥培管理，収穫，更新，堆肥散布など一連の作業に加え，生産された飼料をミキシングし，各戸まで配送する業務を行い，酪農経営の生産コスト低減と安定化を図る。
- 地域に合った安全・良質・安価なTMR（総合混合飼料）の生産体制確立。
- デントコーン作付け面積の拡大。
- 1頭あたりの平均乳量の増加をめざす。
- 中山間地域に点在する農地の集約化による土地の有効活用。
- 個人完結型農業からの脱却（経営負担・労働力の軽減による新規就農者の受け入れ基盤の確立）。
- 施設管理・運営を行う作業員の雇用など雇用の創出。
- 農業機械等の共有によるコスト低減。

現在，㈲デイリーサポート士別は次のような業務を行っている。草地受託面積は1,200haあり，そのうち牧草栽培は880ha，コーン栽培は300haであるが，これら畑の肥培管理，収穫は8名（うち5名は常雇）の労働で行っている。

上述したように，飼料畑から牧草とデントコーンを収穫し，23基あるバンカーサイロに貯蔵して発酵させ，その後ミキシングフィーダに投入し，攪拌しながら梱包機まで搬送し，ビニールパックして圧縮・梱包する。この梱包過程は軽量化とともに二次発酵を抑える意味で重要な過程である。こうした工程を経て㈲デイリーサポート士別のTMRの製造プラントでは1日に1パック90kgのTMRを100パック（1,800頭分）生産している。2004年5月期の売上は2億300

図3-2 ㈲デイリーサポート士別のシステム

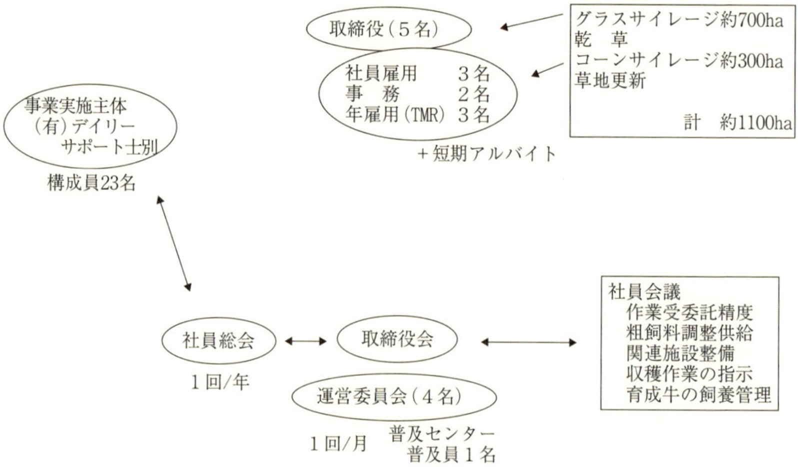

```
事業実施主体              取締役(5名)         グラスサイレージ約700ha
 ㈲デイリー                                    乾草
 サポート士別              社員雇用   3名     コーンサイレージ約300ha
 構成員23名                事務       2名     草地更新
                          年雇用(TMR) 3名              計 約1100ha
                          ＋短期アルバイト

                                                社員会議
                                                 作業受委託精度
                                                 粗飼料調整供給
        社員総会  ←→  取締役会  ←→        関連施設整備
                                                 収穫作業の指示
         1回/年        運営委員会(4名)          育成牛の飼養管理
                      1回/月  普及センター
                              普及員1名
```

資料：㈲デイリーサポート士別のHPおよびパンフレットと聞きとりに基づき筆者作成

万円となっている。（農林漁業金融公庫のレポートによれば、秘乳用17円／kg）TMRの需用者への輸送は運送会社への委託で行われているが、梱包機による圧縮により輸送回数は1回／2日となっており、輸送費削減にも効果を発揮している。

1 ネットワーク会社のシステム

この会社の経営システムを図示したものが図3-2である。すでに述べたように、この有限会社の構成員は23農家である。そのうち5名（代表取締役：玉置豊氏）が取締役となっている。雇用者は8名（常雇社員3名、事務2名、通年雇用TMR3名）、これに繁忙期には短期アルバイトも加わり、農家が個別に対応するのと比べて雇用効果も決して小さくはない。取締役会とならんで運営委員会（4名と士別地区農業改良普及センターの専門普及員1名）があるが、これは設立期の3部会（機械部会、土地部会、TMR部会）を2003年5月に発展的に解消してつくった組織で、月1回開催される。社員会議で作業受委託調整、粗飼料調整供給、関連施設整備、収穫作業指示、育成牛の飼養管理にかかわる業務を議論し、取締役会でそれを決定する。決定された作業は社員会議の構成員によって行わ

れ，図に示した具体的作業を行う。また，社員総会は社員会議と同じメンバーでほぼ同じ内容であるが，こちらは年1回である。

　こうしたシステムは通常の会社の垂直的な指揮・命令系統を基本とする組織システムとは異なっている。取締役会（代表取締役）が経営や作業の責任を代表するという点では垂直的システムであるが，社員会議や社員総会と取締役会との関係は水平的システムに近い。23名というかぎられた出資者の中から取締役を選任していること，取締役をも含めた出資者も，酪農家として搾乳や給餌などの直接的生産者であるという事情がこうしたシステムを生み出した背景にあると思われる。

2　ネットワークによる経営効果

　こうした経営システムはさまざまな効果を与えている。まず何よりも構成員の酪農家の出荷乳量が増加したことである。

　2002年から2005年までに1戸あたりの出荷乳量は443 tから531 tへと20％近く増加し，23戸の総出荷量も1万tあまりから1万2,000 t強へと増加し，売上高は約2倍の4億6,000万円となった。乳牛の飼育数も2,150頭となった。また投資額のうち3億5,000万円は債務であるが，売上が順調に伸びれば償還は数年先には終わるとの期待がある。

　出荷乳の増加は，上述のように，協同の会社で一括作業が迅速に進むようになったこと，また設備投資したことによって効率的生産を可能とした。しかも均質の飼料として供給されたため，乳質も安定して生産されるようになった。

　労働時間の増加を懸念して11戸の農家は良質の牛乳の源でもあるデントコーンの栽培を行っていなかったが，会社として栽培を行うことにより，現在では栽培が効率化され，さらにその不足が懸念されるようになり，良質の牛乳生産に貢献している。それと関連して，法人が一括して土地を管理することになったため，地力回復を目的とした休耕が可能となった。

　酪農は各種機械やさまざまな装置を必要とする装置産業であるが，この装置が個々の農家から協同会社に集約されることによって，装置への投資が合理化され，その結果生産コストが削減される効果をもたらした。1960〜1980年代は

こうした装置に対する公的補助金を基礎に数軒の農家が機械利用組合をつくり共同利用を行っていた。その後，酪農生産基盤の拡充とともに個々の農家が機械を保有する傾向が強まっていったが，そのことは酪農業全体への過剰投資を結果することになった。こうした過剰投資を解消し効率的な経営をめざす方向として追求されているのがコントラクター方式や法人化などの経営の社会化・協同化である。23戸の農家が一括して飼料を購入することによって個別に購入するよりも割安な飼料コストを実現した。トラクターは会社設立以前は23戸の農家が合計72台保有していたが，現在では農家保有6台に減少し，トラクターのない農家も生まれた。この会社の投資額の中には，協同会社がなかった場合，個々の農家が購入・保有しなければならなかった機械・施設も少なからず存在する[7]。また，協同会社設立により，飼料や資材の調達コストは20〜30％減少した。

　23戸は大規模農家ではないが，それでも糞尿は自然に還元できる分量を超えるため，酪農家にとってその処理は難題であったが，会社として一括して行うことで処理コストも減少すると同時に，処理も合理的に行われるようになった。

　また，一定の市場拡大にも貢献する可能性が生まれつつあり，生産された飼料は事業主体である23戸への需要はもちろんのこと，周辺農家の需要を満たすと同時に一部は胆振の早来町にも配送している。こうした需要の要因は，1つには付加価値の高い飼料であること，もう1つは配送資材に他と差別される安心・安全の工夫を凝らしていることである。前者は横浜にあるJFEプラント＆サービス㈱と提携して圧縮梱包機を開発し，真空パック状態の飼料として製品化したことである。後者は，パック状態の梱包飼料を直接地面からではなく，ビニールシートからトラックに積載するのだが，そのシートには一定の熱が伝導され菌が生ずる場合がある。そのため，需要農家からトラックが戻った際にそのシートを殺菌してより安心・安全な飼料を提供しているのである[8]。

　農家にとっては，協同会社が飼料作業を一元的に行うことで負担の大きい労働から解放され，労働時間短縮に貢献した。もちろん，こうした効果は協同会社設立への準備の中で予想・期待されていたことでもあったが，日夜・季節を問わない労働に抵抗感のあった若手や道外の新規就農が可能になった。2戸の

農家ではこうした飼料生産の作業状況を見た後継者がＵターンを決め，２戸は新規就農者による後継が決まった。

　法人化によって酪農家達は出資者となり経営者となり，同時に彼らに経営者としての発想と自覚をもたらすことになった。これまで収支勘定はいわば'どんぶり勘定'の域を出ない嫌いがあったが，法人の責任者として経営体をマネジメントする必要に迫られ，経営安定のために科学的な簿記や会計の知識，労働時間や労働条件の管理，経営環境を把握し投資条件を見定める等の科学的経営管理の発想も芽生え始めてきた。協同会社を運営している酪農家（取締役）の中には，これまで農業は血縁関係のある後継者によって事業が継続されていくことを前提にしていたが，このように会社形態でマメジメントされていくようになると，無理をして血縁者（息子）に後継させる方が問題が多いのではないか，土地所有の問題に決着がつくかぎり，血縁者以外の意欲ある後継者に後を託す方が酪農業の発展により効率的に寄与するのではないか，という考えも生まれている。筆者は農業も会社形態で行うべきだと主張する意図はないが，科学的管理に基づく農業を視野に入れるならば，協同という形での新たな農業生産形態と農村における農家と農家，人と人の新たにネットワークがみえてくると考えられる。今や'豊かな緑・自然の中でゆったりと生活する'（デイリーサポート士別の代表取締役の表現）酪農家という側面と同時にビジネスとしての酪農業の側面も重要になっている，といえる。

3 法人化による地域への効果と課題

　本章冒頭でも述べたように，この事例は本章の他の事例のように，企業間ネットワークによって協同会社を設立して新価値創造を試みたものとは少し異なるかも知れない。しかし，日本の農業が農家を基本単位とした生産を行っていることを考えるならば，23戸の酪農家の協同の力で法人を立ち上げ，相乗効果を生み出しつつあることは，土地への固定性の強い地域産業におけるビジネスモデルの１つとみなすことができる。

　こうしたビジネスモデルが生み出す効果は，地域経済にとっても少なからぬ効果をもたらしている。何よりもまず直接的効果であるが，わずか３年間の出

荷乳量をみても20％近く増加した。個々の農家によって飼料生産が行われている場合にはアルバイトにとどまっていたであろう雇用は拡大した。トラクターなど機械類については，個々の農家が購入している場合と総台数では大きな差はみられないが，この協同会社への23基のバンカーサイロ，11基の飼料タンク，TMR梱包のための設備，シート殺菌のための設備などの大規模投資ができたことは地域生産力拡大にとって重要な設備投資である。間接的には次の効果が生まれた。飼料生産という「３Ｋ」労働から酪農家が解放されることを契機に新規就農者や後継者を得ることができたし，酪農者自身が心のゆとりをもつことができた。また，酪農家は牛舎の清掃，給餌や搾乳のような肉体労働と同時に協同会社のマネジメントなど頭脳労働も求められるようになった。ゆとりや労働形態の統合は，これから農村が地域社会として成熟していくための大事な基礎条件になると考えられる。

　すでに述べたように，補助金による機械の共同利用から個別農家による保有への変化は，個別農家の自立経営の方向を示していたが，それはかえって地域内での不効率を生んだ。その不効率を地域内での協同によって克服し，個別農家の自立経営確保しようとしたのが協同会社の設立であった。あくまで輸入に頼らない飼料の生産という信条をもちつつ，協同会社の設備投資を基盤に飼料生産においても差別化製品の生産を可能にした。それが均質な飼料の大量生産と安全・安心の飼料生産であった。それは地域名の士別と会社名の士別とを重ならせた飼料のブランド化につながる萌芽にもなりうる。協同会社設立にあたって，さまざまな取引業者とのネットワークも重要な意味をもった。鋼材にかかわるプラント設計においてはプラント会社，協同会社の設備投資全般，システムの設計については専門の業者と綿密な研究開発の結果である。また，法人化を契機に農家同士の絆も深まりつつある。

　そしてこうしたネットワークをより質の高い段階に引き上げていくことが今後の戦略的課題であろう。取引業者とのネットワークも遠隔地取引ではなく，地域に酪農―酪農製品を中心とする食品加工―酪農関連資材生産　関連サービス業（コンサルタント，運送，廃棄物処理等）を地域内で結びついた酪農クラスターを形成する戦略の中に位置づけた産業政策が望まれよう。もちろん，そう

した戦略は士別地域という空間だけで展望すべきでないことはいうまでもない。

TMR方式の法人化に踏み切ってまだ日が浅いのであるが，上述のような法人化の経過や経営効果を見ると，それがそのまま地域経済が活性化する方向に進むことが求められている。酪農に限らず，農業は国策という側面が強い。どのような意味で酪農を発展させるのか，という確固とした政策のあり方と結びつけていくことも重要である。

4　同業種の共同出資による会社設立で競争力確保
―― 共同生産会社 VC5 ――

協同の会社を設立し受注の幅をひろげるなどの相乗効果（＝協同による新価値創造）を目的とする場合，異業種同士が連携するケースが多いし，実際，異業種交流からこうした試みが始まったケースが多いのであるが，次の事例は，同業種の5企業が共同出資して新会社を設立し，高品質，低コスト製品を安定供給する事を目的とした同業種の共同会社という数少ない事例の1つである。しかも，公共事業の削減によって競争がとくに激化した建設業での試みという点で，評価に値する事例である。

このコンクリート二次製品の共同生産会社（道南ヴイ・シー・ファイブ（VC5）株式会社）の概要は次の通りである。

名　　称：VC5という社名は，Vibrated Concreteの5社に由来している。
出資会社：北海道スプリットン工業株式会社（札幌），東洋コンクリート株式会社（函館），株式会社加賀谷産業（上ノ国町），和工生コンクリート株式会社（瀬棚町），會澤高圧コンクリート株式会社（苫小牧），これら5社はコンクリート二次製品を生産する同業種いずれも2代目社長で，他の業界にいた人もいる。協同生産会社の社長田中正稔氏も長く半導体の会社で勤務した経験をもっている。
設　　立：2003年4月10日。
社　　長：田中正稔（北海道スプリットン工業社長）／専務：山科康夫（東洋コ

ンクリート社長）取締役は5社からそれぞれ2名ずつ。
工　　場：大野町／北海道スプリットンの大野工場をスクラップ＆ビルドしたもの。
資　本　金：1,000万円（設備投資額は1億5,000万円）。
従　業　員：10人。
製　　品：縁石製造であるが，流し込み製法でなく，即脱型の縁石製造。
　　　　　2つの製法の生産性比較。
　　　　　　縁石8,000本製造するには，流し込み製法では作業員12人，型枠機94台で20時間かかるが，即脱型だと作業員2人，型枠機1台で生産時間は8時間ですむ。
年間生産能力：24万本。

　筆者は田中社長の案内で大野町の山あいにある工場を訪問し，実際の即時脱型の縁石製造の現場を視察することができた。工場内の製造工程は以下のようであった。まず，①原材料の搬入，②成型工程流動性ゼロのゼロスランプの生コンを全自動成型機（量産タイプのCF－50NS成型機）に投入し，③強力なバイブレーションと圧力で瞬時に締め固め脱型すればでき上がりである。1つの縁石を製造するのに，投入からでき上がりまで2～3分程度であった。ただ，その間のバイブレーション音はすごく大きい。④でき上がった脱型製品の養生室に運んで受注まで寝かせておく，⑤製品ピッキング，以上が工程の概要であり，それほど複雑な工程ではない。しかし，工場概観の古びた建物から想像できない完全ライン化が行われており，コンピュータ制御の自動運転も行われている。

　協同生産会社の設立は次の事情に基づいている。第1は，公共事業減少傾向が続き，何とか受注を食い止め，安価に製品を提供できる条件をつくる必要に迫られていたことである。しかし，低コスト化を進めるには大規模装置が必要とされるため，資本力の弱い個々の企業の独力では投資が不可能であった。第2は，道路コンクリート製品を即脱型製法で生産することがひろがっていたことである。つまり，この製法に大規模投資が必要とされていたのである。第3に，凍害に耐える製品が求められていたことである。とくにこれら企業が縁石

の受注を得ていた道南地域は，気温の関係でずっと凍結でもなくずっと不凍結でもないという中途半端な気候条件を考慮する必要があった。

　こうした事情に対応して，まず技術的には機械メーカーと提携して即脱製法が可能な装置を開発した。ただ，個別企業がその機械を購入するには設備投資力が追いつかないため，それを共同で利用できる条件を整えるために新会社設立にいたったのである。これまで縁石製造は流し込み方式が中心であったが，除雪条件が良くなり凍害防止のためにも即脱が必要となり，また，即脱設備をもった企業も少なくコスト面から競争優位性を得ることができると考えられた。[9]

　渡島・檜山には縁石を製造する企業はあったが，資金力に限界があり1社では即脱型の生産設備投資は困難であった。したがって，ほとんど全量がコストの低い域外からのもち込みとなっており，地域経済という点からみても域外流出であった。田中正稔氏が社長を務める北海道スプリットン工業も縁石製造技術はもっていたが，製造は行っていなかった。田中氏は複数企業の共同でなら設備投資も可能だし，リスクも分散でき市場も拡大できると考えた。そして，5社の製造品のうち，縁石製造にかかわるインターロッキングブロック（舗装用ブロック）とスプリットン（壁面用／積みブロック）は設立した協同生産会社VC5に移管させることにした。

　協同生産会社を設立するにあたって，いかなるビジネスモデルを構築すべきか，せっかく協同生産会社をつくるなら他のノウハウも含めて共同化した方がよいのではないか，参加企業への刺激も欲しい等の議論を経て協同会社設立にいたった。同業で相互に競争している分野もあるため，調整のためにもミーティングは何度も行ったが，そこでの結論は，競争より協同生産会社設立を優先させることであった。協同生産会社を設立するということは建設業界ではあまり経験はない試みであり，また，このことにより他の製品などでも協同化を進めよう（5社間で相互供給）という雰囲気も高まってきたという意義も認められる。VC5を設立した5社はいずれもコンクリート二次製品（縁石もその1つ）のメーカーであり，そのために5社間で競合する製品も少なからずあるのも事実である。しかし5社とも製品販売エリアは異なっており，それぞれの商圏を

もっていることが，協同会社設立が可能になった条件であった。しかも，VC5のような協同会社があるために，5社それぞれの需要を1つの工場で集中管理することが可能となり，経営の効率化にも結びついている。また，この工場での利益は5社で平等に配分する原則にしているが，それは共通の製品の製造であるからこそ可能になったといえる。ただし，そうした原則もサステイナブルに事業を継続していくために，効率，協同，信頼に基づく粘り強い議論があったからである。

　ところで，1980年代にも業種ごとに事業協同組合を組織して（たとえば，建築業者，印刷業者，金属加工業者という具合に）中小零細業者の協同の力で仕事を確保しようという運動があった。[10]中小業者を取り巻く「危機」を直接の契機にしているのは現在も同様であるが，行政とのかかわりを強く意識して，中小企業団体等による垂直的協同化という側面が強く，筆者がここで事例としてあげた個々の企業が水平的にコーデネートする方法とは異なっている。ここに不足する資源の相互依存，取引時間や取引コストの削減のための取引ネットワークのみならず，新価値創造のための協同化という1980年代にはなかった性格が現れている。すなわち，相乗効果を生み出すための多様で多面的で柔軟なネットワークである。

　北海道経済も大きな分水嶺に立っていることは衆目の認めるところであろう。各地域の均衡ある産業発展を基本とした産業づくりから競争と協同のバランスに立った産業づくりが求められている。それぞれの地域レベルでは地域で持続しうる産業とそのシステムづくりを'下から'進めていくことが何より求められている。'足下を掘れ，そこにビジネスが湧く'。本章で紹介した事例は，地域に埋め込まれ，地域から発信するビジネスモデルの1つである。

1）　こうした事態を克服していこうとする試みはある。たとえば，北海道情報システム産業協会に属する約20社が共同事業体（JV）をつくり，その組織が受注の受け皿となって，受注量の拡大と技術の飛躍的向上をめざしている。参加企業が秘密保持契約を結び，情報共有し，当該案件の得意分野の各企業が共同企業体に技術者を出し合って業務を遂行するというシステムであり，孫請け業務にとどまる弱点を克服しようとするシステムである。これは，北海道経済産業局の「ITイノベーション戦略」の支援プロジェ

　　　　　　　　　　　　　　　　　　　第3章　企業間ネットワークと地域経済のパラダイム

　　クトの1つである。
2）　機械・金属工業の脆弱な北海道にあって，そうした分野の中小企業のネットワークはきわめて希であるが，皆無ではない。次節で述べる釧路のKECもその例であるが，最近では，「北海道テクノロジールネッサンス研究会」(2003年札幌で設立／代表：嶋村清隆氏）の活動が注目される。参加企業は8社で道内一円に立地している製造業である。それぞれ圧延関連機器製造，線材を適切な位置に誘導する装置，トヨタに部品供給する鋳物メーカー，道産材による住宅建設などニッチな技術や製品をもっており，秘密保持契約に基づいて得意技術等を持ち寄り，共同で開発・製品化をめざす活動を行っている。http://www.sapporo-ep.jp/group/index.html，各種新聞記事などによる。なお，第1章2⑤を参照。
3）　http://www.afc.go.jp/your-field/manage/2005-01-01
4）　3）に同じ。
5）　TMRセンター創設にいたる経過は地域によって異なっている。たとえば，別海のデイリーサポートは，地縁・血縁による相互扶助作業を実施していた経験が大きかった。志賀永一「自給粗飼料生産地帯のTMRセンター——デイリーサポート別海の目指すもの」畜産の情報国内編2002年8月。
6）　サイレージとは，刈り取ったコーンや牧草を乳酸菌の作用で発酵させたものであり，乳牛の資料となるものであり，サイロはそれを入れておく容器である。かつて北海道の風物でもあったタワー型のサイロはほとんど使用されていなくて，ビニールシートにサイレージを敷き，密閉する方式のバンカーサイロが主流となっている。
7）　農家が保有していた農業機械は売却されることになるが，この売却に際して問題がないわけではない。
8）　林川和幸「㈲デイリーサポート士別』の取り組み」牧草と園芸53巻6号（2005年）。
9）　一般に，土木製品の製法として，流し込み型と即時脱型とがある。後者は技術的に難しく，規模の大きい設備投資を必要とするが，強度で耐凍害性があり，大量生産可能で，製造機と型枠の清掃に水を使用しないためスラッジの発生をゼロに抑えることが可能なため，産業廃棄物の発生はきわめて少ないという利点がある。また，いったん設備投資をするとランニングコストはあまりかからないのも利点の1つである。古くなると欠けてボロボロになった縁石をみかけることがあるが，それは従来型の流し込み型で生産された縁石である。
10）　渡辺睦編著『中小業者の協同組合』（新評論，1985年）。

第4章
地域ネットワークのパラダイム(1)
──森林資源でつなぐネットワーク：北海道下川町の森林クラスターの試み──

はじめに

　第1章で示した図1-4（本書17頁）をもう一度，思い起こしていただきたい。左側に地域を支える財貨・サービスの生産を行う経済があり，右側に人々の暮らしの総体である地域社会がある。ところが，左側の経済の縮小が地域社会の縮小を促す負のスパイラルに入ってしまったり，逆に，経済の成長はあるが，地域社会の成熟を促すよりも飲み込んでしまうほど大きすぎたり，その調和がとれていないケースが少なくない。地域が，歴史に裏づけられ，他と差別化されそれぞれ格をもった空間として存在するには，両者の融合とコーディネートが不可欠であり，それを主体的に担うコーディネーターやそれを支援する自治体，研究機関，教育機関などが不可欠である。経済と人々の暮らし，そしてそれを規定する自然と人間の物質循環が調和して動くことによって，地域はサステイナビリティを保持することができる。

　第3章は，「依存」型経済によってこの調和が崩れてしまった北海道経済において，経済と地域社会の調和を回復させるための企業間ネットワークの事例であった。いずれも自己の企業や産業の危機を背景にした試みであるが，それを単なる危機回避にとどまらせず，自己のビジネス展開と地域経済振興とを意識して結びつけ，そのために企業間（農家という生産単位を含めて）ネットワークという形で新たな価値を創造する試みであった。

　本章は，文字通り，企業間ネットワークによる経済と地域社会のケイパビリティ（潜在能力）を引き出し，両者を一体のものとしてコーディネートして地域の質的発展につなげていこうとする試みの事例である。

北海道の北部に位置する下川町は，町内の90％以上を森林が占める典型的な山村であり，他の多くの山村地域に共通する過疎化現象が顕著にみられる地域である。人口はピーク時（1960年）の3分の1以下に減少し，子どもが少なく，高齢者が4分の1を占める少子・高齢化地域である。農業は担い手がいなくなり，林業および関連する木材・木工産業は衰退し，1980年代前半には鉱山も閉山してしまい，産業の存立はきわめて厳しい状況にある。

　こうした現状に対応して，下川町では森林を軸にした地域振興とそのための運動を進めてきた。1980年代に始まった下川町ふるさと運動は，大分県で始まった一村一品運動とそれに続く北海道の一村一品運動と連動しながら進められたものであるが，町の存在意義を発信するという意味で下川町における地域づくり運動の準備段階と位置づけることができる。続く1990年代は「町に人をひきつける」という意味で，地域づくり運動の萌芽期であった。そして，2000年代，正確には1998年の下川産業クラスター研究会の結成以降は，現在進行形であるが，地域づくり運動の導入期と位置づけることができるであろう。

　こうした1980年代以降の地域づくり運動は全道的・全国的に知れわたりつつある。北海道レベルで1997年から提唱された産業クラスターは，下川町に関しては森林クラスターを軸とした地域づくりとして名が知られるようになった。全国的には，FSC（Forest Stewardship Council—森林管理協議会）認証をテコに，差別化された地域資源による地域振興の試みとして，高知県の檮原村とならんでその名が知られるようになっている。また，地域づくり運動の拠点たる下川町森林組合は，2002年に北海道で初めて「森林づくり基本方針」「森林づくり作業方針」を制定し，環境に配慮した森林経営の姿勢を組織的に明確にした。これもまた，環境に配慮した地域産業の振興の試みとして貴重な事例を提供している。下川町の森林クラスター運動は，地域の豊富な資源（森林・木材）の有効利用による比較優位製品と市場競争力の獲得にとどまらず，負のスパイラルを断ち切るために，地域内の多様な産業と人のネットワークを形成することであった。それは同時に，地域外との新たなネットワークを形成することと並行して進んでいる。[1]

第4章 地域ネットワークのパラダイム(1)

1　下川町の概要

1　過疎への経過

　明治30年代（1897年～），上川郡に4村が設置されたが，現在の下川町はそのうちの上名寄村に属していた。この地域に岐阜県から25戸入植したのが下川の開拓の始まりである。1924年に名寄町から分村し下川村が誕生している。当時の人口は703世帯3,684人であった。戦後の1949年に町制施行され現在にいたっている。

　後でふれるが，昭和40年（1965年～）代後半までは人口1万人を維持していたが，それ以降は雪崩現象的に人口が減少してきた。人口急減を構造的に見れば既存産業における相対的過剰人口の問題であるが，ここ下川町の場合，人口流出を加速させた大きな3つの要因があった。それは**表4－1**に示したように下川鉱山の閉山（休止），名寄本線の廃止，営林署の統廃合であった。

　下川鉱山（銅山）の操業が始まったのは三菱金属下川鉱業所が開設された1941年である。戦後，名称変更はあったが，下川鉱業所として操業を続け，朝鮮戦争特需によって従業員800人（家族を含めて2,500人）を記録した。1974年には従業員580人（家族を含めて約1,900人），粗鉱（銅）生産3万3,000ｔ／月体制を維持していたが，ベトナム戦争終結と同時に鉱山需要は減少し，この時期以降鉱山の経営は悪化の一途をたどった。1976年に三菱金属下川鉱業所が分離して下川鉱業株式会社とするなど合理化を進めたが，1983年鉱山は休止（事実上の閉山）となったまま現在にいたっている。

　下川までの鉄道が開通したのは1919年である（名寄本線の全線開通は1921年）。これ以降，名寄本線は原木などの搬出路線として活況を示した。鉱山操業にともない，銅鉱石を満載した貨物列車が行き交い，地域産業を支える動脈として，また，人々の暮らしの手段として大きな役割を果たしてきた。しかし1980年の国鉄再建法に基づいて第二次廃止対象路線に選定（1982年）され，その後の7年間にわたる地元の存続運動も実らず，1989年4月末で鉄道廃止，バス転換となっ

表4-1 主要産業衰退の状況

発展期	現在
農家戸数1,106戸 (1955年)	185戸 (2000年)
木材伐採量33万m³ (1956年)	3万m³ (2000年)
木材加工工場20 (1955年)	9 (2003年)
粗鉱 (銅) 40.7万t (1975年)	休止 (1983年)
営林署2ヶ所 (1947年)	1ヶ所 (1988年)
名寄本線開通 (1921年)	廃止 (1989年)

資料:左側の数字は『下川町史』,右側の数字は『町勢要覧 資料編』など。

た。143kmにわたる名寄―紋別―遠軽をつなぐ名寄本線は開通後68年間の歴史を閉じた。

下川町の森林は明治維新の版籍奉還により国有林 (開拓使所轄) となった。1889年北海道に御料林 (宮内庁) が設定され,下川の森林は天塩出張所 (名寄) の所轄となった。林業の発展はそれよりやや下った1901年に,鉄砲の銃床材としてクルミ材を軍に納入したのが嚆矢である。その後,1918年に下川木工場を皮切りに昭和初期にいくつかの木工場および木材工場が設立され,鉄道開通と相まって林業・林産業が発達していった。

戦時体制下に帝室林野局札幌支局名寄出張所より分割して下川出張所 (1937年) と一の橋出張所 (1942年) が設立され,軍需に対応していった。戦後,御料林は農林省所管の国有林となり,1947年,上記2つの出張所は旭川営林局所属の下川営林署と一の橋営林署となった。1つの町としては異例の2営林署が設置されたのである。1956年に木材伐採量33万m³,木材加工工場数20を数えた。しかし,輸入材の増加,木材価格の低迷などに規定されて国有林野事業の赤字が深刻になり,合理化の一環として1988年一の橋営林署が下川営林署に統合された。営林署員の減少だけでも下川町にとっては大きな痛手であった。

2 現代の下川町のすがた――統計指標――

下川町は道北・下川支庁に属し,札幌からは特急列車で旭川まで1時間20分,旭川から宗谷本線で名寄まで特急列車で1時間弱 (快速で1時間強),名寄からバスで25分の所に位置する。旭川からクルマで2時間程度 (札幌からクルマで道央自動車道経由4時間程度) かかる。

表4-2は,下川町の戦後の人口の推移・将来人口推計を示したものである。1924年に独立した村として分村したときの人口が3,684人であった。その後,林業・林産業の発展や鉱山開発にともなって人口は増加し,町に昇格した直後の1950年には1万3,000人余りであった。国勢調査人口がピークを迎えたのは

高度成長前夜の1960年で1万5,555人であった。それ以降の人口は減少の一途をたどっているが、とくに1965〜1985年の20年間の減少が激しかった。この20年間に1万人近くの人口が減少したのである。1985年以降の減少は鈍化しているが、人口減の大きな要因が去ったからという見方もできる反面、地域の主体的な努力の結果という見方もある。1983〜1999年の4期にわたって町長を務めた原田四郎氏は、自著において「人口の推移にはっきりと影響を及ぼすくらいに、Uターンが増えてきた」[2]と述べ、後述する地域づくりの政策が人口増加に反映されてきているのではないかと期待感をにじませている。原田氏が述べるように、1995年の実際の人口は表中の推計1（北海道開発局推計）より350人多くなったし、2000年は624人多くなっているのである。たとえば、2007年の社会減は43（転出数161—転入数118）にとどまり、自然減人口40（死亡数58—出生数18）を下回るなど社会減は鈍化している。推計2は2007年の推計だが、2002年の推計より減少幅は少なくなっている。しかし、子ども（0〜14歳）の割合9.9%に対して、高齢者の割合は3分の1に達している。しかし推計2（日本統計協会）によれば、2030年代には3,000人を切ることが予想されており、人口については楽観は許されない。

表4-2　下川町の人口推移・将来人口推移

年	世帯数	人口	推計1	推計2
1950	2,418	13,420		
1955	2,780	15,018		
1960	3,210	15,555		
1965	3,363	14,210		
1970	3,103	11,568		
1975	2,759	9,275		
1980	2,351	7,173		
1985	1,979	5,730		
1990	1,848	5,065		
1995	1,837	4,747	4,397	
2000	1,809	4,413	3,789	
2010				3,835
2020				3,214
2030				2,611

注：推計1は、北海道開発局農業調査課
　　推計2は、日本統計協会『市町村の将来人口』2007年
資料：人口、世帯数は『国勢調査』

　次に産業の状況を見ておこう。図4-1は25年間の産業別就業者の推移を見たものである。1975年に就業者総数は4,229人であったが、2005年には1,932人へと半数以下に減少した。農業の就業者数は減少しているものの、1990年までの割合は20%を維持していたが、90年代には割合も減少している。2005年の農業経営体（販売農家）は酪農中心に175世帯、農業粗生産額は約19億1,000万円となっている。林業も1985年までは就業者総数の10%程度を維持していたが、そ

図4-1　下川町の産業別就業者の推移

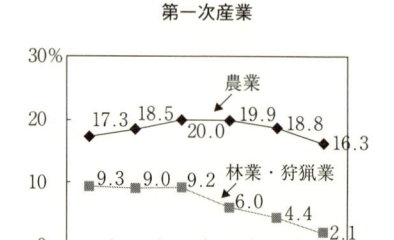

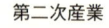

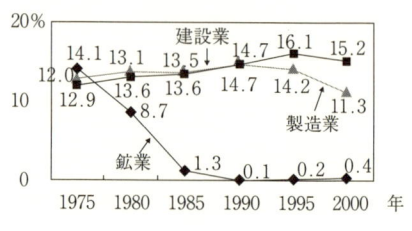

図4-2　最近の下川町の木材・木製品製造業

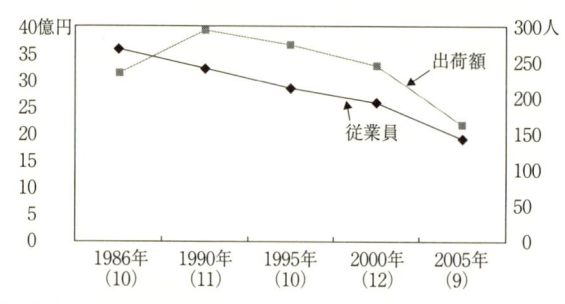

注：（　）内の数字は工場数

れ以降は急減し，1975年の394（9.3％）人が2005年には40人（2.1％）に大きく減少している。林家は301戸（農家林家が134戸）だが，林産物を販売したのは7戸にとどまっている。私有林面積は下川町の林野面積の8％にすぎず，林家の半数近くは1～5haの小規模林家である。林家以外の林業事業体数（2000年）は15である。

　鉱業も1975年には14.1％を占めていたが，事実上の閉山とともに就業者は皆無となった。建設業は漸増しながら一定の割合（10％台半ば）を占めてきたが，2004年には就業者も314人に減少し，割合も約4分の1に下がった。製造業は，従事者数は漸減させながらも，適地適産型の林産工業が健闘してきた。しかし，1995年以降，従業者数，割合ともに大きく減少している。下川町の製造業は木材・木製品がすべてといっても過言ではないが，製造業従業者数の70％強，製

造業出荷額の約8割を占めている。木材・木製品の事業所数は9社で，図4-2にみられるように，従業員数は漸減し，2005年には143人となった。出荷額も1997年以前は40億円を超えていたが，1998年以降は30億円台に低迷し，2005年には，21億6,000万円となっている。

商店は1999年に卸売8店，小売57店であり，1988年にそれぞれ11店，80店であったから商店数は減少している。ほとんどの業種で従業員数や売上額が減少している中で，サービス業は従業者数を増加させている。昭和から平成初期まではサービス業就業者は20％以下であったが，2000年には27.2％に上昇し，産業大分類項目中最も多い605人が就業している。

納税義務者1人当たり所得額は292万6,000円／年で，北海道のそれが307万3,000円／年だから全道平均より低い（2005年）。上川支庁の町村の中でも低い方にランクされる。町財政規模は一般会計約50億円，病院事業や老人保健，国保事業，下水道事業などの特別会計が約25億円（2005年度一般会計決算）であるが，一般会計のうち，地方交付税は43.9％を占め，歳入の最大項目である。町債は12.4％を占めているが，これに対して，町税収入は5.7％にとどまっており，財政力指数も0.164というきわめて低い数値になっている。

2 現在までの下川町の地域づくり運動

1 第一次地域づくり運動（準備期）

1981年6月，町はふるさと会員募集を軸とした下川町ふるさと運動の推進を提起した。具体的には，「ふるさと下川・ヤングしもかわの会」をつくって，都市部の会員との交流を通じて下川の存在意義を確認しようとした運動であった。町の開発審議室に事務局をおき，下川出身者のみならず全国の下川姓の人々を対象に会員を募り，下川町の特産物を送ったり，下川町でのキャンプ開催に支援を与えたりして都市住民との交流を進めようというものであった。当時，全国的にまちづくり・むらづくりの気運が高まっており，1979年11月に大分県知事に就任した平松守彦氏が提起した「一村一品運動」がブームを呼び起

こした時期と重なっている。『下川町史第3巻』によると，1988年度末には会員438世帯，約1400人に達した。ふるさと会員の募集の好調さを受けて，町は1982年にふるさと酪農振興条例を制定し「仔牛の親会員」の募集を始めた。都市の会員から仔牛の育成費として20万円を出費してもらい，3年後に全額返済し，ある種の利子のような形で会員には特産物を送るというものである。同時期には下川町ふるさと二千年の森設定条例を制定し，ふるさと二千年の森が設定されている。これは，町有林内のカラマツ人工林57haの造成に必要な費用を町と都市住民が折半で負担し，2000年に両者が収入の半分づつを折半するというものであった。1984年の再募集の時には会員数325名，会員費用負担金も7,300万円となった。[3]

　1982年には，それまで五味温泉を運営してきた開発振興公社を解散して新たに㈶下川町ふるさと開発振興公社を設立した。以後，この公社が下川町の地域づくり運動の拠点として重要な役割を果たすことになる。現在の産業クラスター研究会の拠点もこの公社にある。産業クラスター形成の最初の試みもこの時期に萌芽がある。それはカラマツ間伐材の有効利用である。1981年10月の湿雪により町有林のカラマツ林が壊滅的な打撃を受けたのだが，その時のカラマツの倒木を木炭事業に利用しようとした発想が以後の地域づくりにも大きな影響を与えることになった。カラマツはあくまで建材用として育成されていたのであり，火力は強いが火持ちが悪くて木炭用にできるとは考えられていなかったからである。カラマツ木炭ができ上がるまでの苦労話は，原田四郎『森は光り輝く』（後掲注2）参照）などに譲り，ここではふれないことにする。できたカラマツ木炭をさまざまな試行錯誤の末，ブリキ缶にカラマツ木炭，たき付け，火ばさみ，割り箸，金網をセットにして「ふるさとコンロ」として売り出したところ（木炭2kgを入れて2,800円），レジャーブームにのって1年間で1万個以上の売上を達成するなど予想外の結果を生んだ。こうしたアイデアを生んだ森林組合のみならず，町のブリキ屋にも波及効果を及ぼしたのである。こうした成功を受け，間伐材の付加価値を高め木酢液や活性炭の多様な利用に向けて研究開発を進めてきたし，産業クラスター研究会ではさらに高度の開発や産業連関を進めようとしている。

遊び心を地域づくりに生かす試みも1980年代以降，持続的に行われている。1982年，「アイデアで下川町を売りこもう」をコンセプトに「コロンブスの卵」というアイデアグループが誕生した。このグループのアイデアでヒットしたものの1つがアイスキャンドルである。冷え込む夜，バケツに水を張り，中の水を抜いてそこにローソクを灯したものである。1986年，クリスマスの時期に数十個のアイスキャンドルを設置したのが最初である。1991年にアイスキャンドルフェスティバルが開始され，テレビで紹介されたり各地の冬のイベントに提供したりしてその名が知られるようになっていった。1996年には商標登録も行った。2001年には，厳しい冬のしばれを逆手にとり，地域資源として活用した独創性溢れるイベントとして，ふるさとイベント大賞（地域活性化センター）を受賞した。

下川町を代表する手づくりの観光資源に「万里の長城」がある。1986年，中国旅行の経験をヒントに町民の手によってモッコで石を積む文字通りの手作り作業が始められ，15年かけて目標の2000年に2,000mの築城が完成したものである。すでに作業途上から参加体験型の観光資源となっていたが，完成後は毎年「万里の長城祭」が開かれ，冬にはアイスキャンドルフェスティバル（現在は，アイスキャンドルミュージアム）と連携して観光客を呼んでいる。ちなみに，「万里の長城」という名称は中国大使館からお墨付きをもらっている。

以上のように，下川町では1980年代の産業構造転換にともなう危機感の中で，北海道の1983年から始まる一村一品運動に呼応しながら，行政，森林組合，個人などが主体になって，都市との交流，地域資源の再活用，観光資源の創出など多様に地域づくりを進めてきた。筆者はこれを地域づくりの準備段階と見なし，下川町の第一次地域づくり運動と位置づけておこう。

2 第二次地域づくり運動（萌芽期）

1980年代の試みがさまざまな地域づくりの制度的・物的基盤を提供したならば，1990年代はその基盤に立って質的展開がなされた時期と位置づけられる。林産業においては，手探りのカラマツ木炭生産からより付加価値の高い製品加工へと開発が進んだ。イベント等においては，始めることにとどまらず，さま

ざまな工夫を凝らしながら継続へのソフトを蓄積していった。1980年代の地域づくり運動はさまざまな契機を意識的につくって，都市住民との交流を進めることにあった。しかしこの時期の運動は交流の量的拡大に主眼があり，交流を通じる都市と農村の質的結合は1990年代に入っての特徴と位置づけられる。1990年代は下川町に人を引きつける動きが進んだことが地域づくりの質的向上のポイントである。

　1992年，森林組合は林業専門誌に「山好き人間集まれ」という求人広告を出して，北海道内外から積極的に雇用を始めた。それは，先に述べた林業労働者の不足，高付加価値林産品製造事業の積極的拡大という需要側とUターン希望者の問い合わせ等供給側の事情を見越した求人広告であった。後に下川産業クラスター研究会の中心人物の1人となったH氏はこの情報誌で当地にやってきた人材である。こうした人材の積極的な移入の方策として林業体験ツアーが始まったのが1996年である。林業体験ツアーの正式名称は「フォレスト・コミュニケーション・イン・しもかわ」で，下川町，商工会，森林組合で実行委員会を結成し，森林や林業の理解を深め，移住・定住を促進することを目的としたものであり，「単なるイベントではなく，下川町と都市をつなぐ現実的で強力なパイプをつくるための意欲に溢れた行事」[4]といえよう。1996～2000年に首都圏を中心に105名が参加し，うち5世帯9名が移住している。しかしそうはいっても，移住してきた人が再び出ていくケースは決して少なくない。出て行くにいたった思いを勉強会で語り合おうと1997年につくられたのが「サークル森人類」である。この集まりは森林組合以外の町民とパートナーシップを組んで森林を育てる・手入れする等の活動に取り組み，「地域活性化において触媒としての役割を果たしている」[5]。このように，1990年代の地域づくり運動は，質的に高める地域づくり運動の萌芽といえるように思われる。

3 地域づくり運動の展開
――産業クラスター研究会以後の運動――

1 下川町の森林

　下川町は典型的な森林の町である。町の総面積は6万4,420haで，北海道最大の面積をもつ足寄町の半分以下であるが，それでも道北では平均的といってよいであろう。そのうち山林は5万8,277haで，カラマツ，エゾマツ，トドマツ等が植生している。山林面積は町の90.5％を占めている。2007年4月現在の森林を所有区分別に見ると，国有林が4万8,465haで森林の85％を占め，町有林と私有林はわずかな割合となっており，戦後の一時期まで（町有林経営を始めた時期）町有林は約1,500haを占めるにすぎなかったのである。しかし，戦後の林業・林政の改革，森林組合の民主化とともに北海道や新潟など国有林がほとんどを占めている地域を中心に，国有地を自治体に解放する声が強まってきた。自治体から見れば，町有林を増やすことで自治体財政の基盤を強化し，そうした森林資源によって地域の産業づくりを進めたい狙いがあったのである。1953年国有林野整備臨時措置法が成立し，森林を適正に経営すると認められれば国有林野を売りわたすことができるようになった。これに基づき，下川町は1,221haを8,800万円で買い受けたのである。その後，1993年の国の公有林化を図る財政支援措置によって1994～1998年に約898ha（9億8,000万円），1999～2003年に860ha（12億円）を買い受け，町有林は4,343haになった。

　当初は伐期の短いカラマツを中心に30年伐期で毎年40～50ha（1,200～1,500ha）の造林を行うサイクルであったが，町有林の増加により，60年伐期で毎年50ha造林（3,000ha）するという法正林思想に基づく循環型森林施業を基本に森林経営を行っている。町ではこのサイクルの確立を10年後においている。下川町の説明によると，積極的な国有林購入の目的は第1に，循環型森林施業によって森林事業が確保され，雇用対策が立てやすくなること，第2に林道・作業路の建設・改良によって建設需要が確保できること，第3に林産業界への安定的な原料供給が可能になること，をあげている。

2003年8月，下川町の森林2,000haについてFSCの認証を受けた。北海道の森林では初めて，全国では11番目の認証である。周知のように，日本は2002年6月に京都議定書に批准し，この10年間で温室効果ガスを90年比で6％減少させる義務を負った。そのうち3.9％部分は森林のCO_2吸収機能で補うこととしている。2003年6月には下川町など8町村は「森林吸収量を活用した森林経営に関する意見交換会」を開催するなど，森で生きる町村は森林経営にかかわるCO_2吸収量を排出枠に算定することを通して，森林整備の自主財源の可能性を追求したり，森林税などへの理解を求めることを検討している。

2　下川町森林組合と林産業界の対応

　すでに述べたが，下川町の基盤産業の1つは農業（とくに酪農），そしてもう1つは森林にかかわる事業と製材などの林産業である。農業産出額19億1,000万円に対して，林産業は減少傾向にあるものの出荷額22億1,032万円であり，しかもその90％近くが木材・木製品が占めているため，下川町の経済に占める比重はきわめて高い。こうした製造業は下川町に9社あるのだが，そのうち規模の大きい工場は2工場であり，1つは老舗のM社，もう一方の最大のものが森林組合である。農協（JA）が農村地域の地域づくりの拠点になっている市町村が少なくないように，森林組合が森林を抱える市町村の地域づくりの拠点となっている地域も少なからず見受けられる。下川町森林組合もその1つであるが，町内では最大の林産業事業所であるとともに，ユニークで多様な地域づくりの試みを続け，有能な人材のネットワークの要たる位置にあるという点においても重要な組織である。

　下川町森林組合の設立は1942年，戦争遂行のための行政指導による強制加入でつくられ，1951年，戦後民主化の一環として森林所有者の協同組合として再組織された。高度成長期の林業構造改善事業によって生産基盤の整備や装備の近代化を進め，1976年には町から町有林管理事業の全面委託を受けた。1981年の湿雪被害による被害木処理の中で，82年からカラマツ間伐材を原料に木炭生産を始め，成功に導き，各種間伐材の徹底利用によりゼロエミッションを実践してきた。1992年には集成材加工施設の操業を始め，年間900㎥の生産を行い

JAS 認定工場ともなっている。もちろん，森林組合の本来の事業は加工ではなく林業にあるのだから，加工分野への進出は地域の木材工場との競合を避けて行われたのである。2003年に FSC 認証を受けて，S 社の割りばし，Y 社の羽目板，M 社の住宅部材とともに産業クラスター研究会の成果であるトドマツ精油製品などの開発を進め，FSC に連動する CoC（加工流通管理認証）認証を獲得した。[6]

2002年5月には全組合員から意見を聞き，現場の作業代表者からも意見を聞いて「森林づくり基本方針」「森林づくり作業方針」を制定し，北海道内の140の森林組合の中で初めて環境に配慮した森林づくりと地域に根ざした森林組合の姿勢を明確にしている。[7] 2003年4月現在の森林組合は，資本金約6,000万円，組合員数351人，従業員は臨時雇用を含めて81名，事業内容は森林造成事業，円柱材・燻煙材・木炭・木酢液製造事業，もみの木抽出オイル製造販売事業，工場は円柱材・木炭やもみの木抽出オイル工場と集成材製造工場の2工場をもっている。

③ 下川町産業クラスター研究会の活動

下川町は戦後，高度成長期，構造調整期を経て，21世紀に入り本格的な地域づくり，筆者が地域づくり運動展開の導入期と位置づける段階に入ってきたといえる。そうした新しい段階の地域づくりを画するのが，1998年4月に設立された「下川産業クラスター研究会」であろう。この研究会設立の伏線は1980年代初めに森林組合が開発した「ふるさとコンロ」の成功にあるが，直接には，1997年北海道レベルで提唱された産業クラスターである。元道経連会長によって提唱された産業クラスター形成の試みはその後北海道全域にひろがっているが，下川町産業クラスター研究会は道内で3番目に設立されたものである。

発起人は森林組合，役場関係者および製材業者など6名である。研究会の哲学は3つの基本コンセプトと5つの視点から成り立っている。基本コンセプトとは，①現在地域にある競争力のある産業を軸に強いものをより強くする，②地域全体で，産官学で，外部とのネットワークで連携を強化する，③他にないもの，他に先駆けるもので競争優位を獲得する，などの3つである。5つの視

図4-3　下川産業クラスター研究会組織図（2002年）

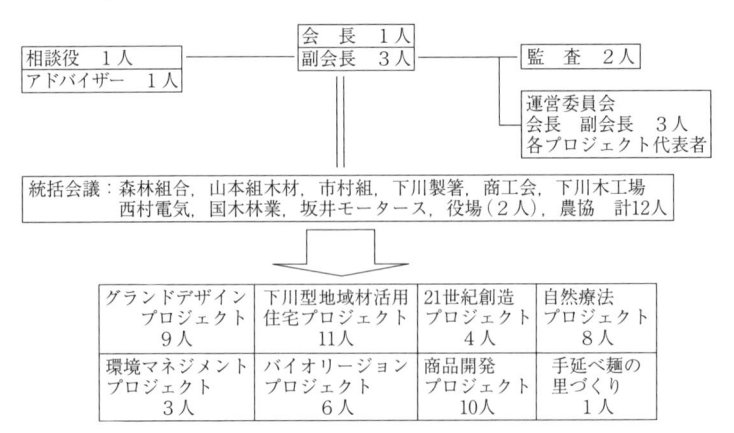

```
                    ┌─会　長　1人─┐
  ┌─相談役　1人─┤副会長　3人  ├─監　査　2人
  └─アドバイザー　1人         │
                              ├─運営委員会
                              │　会長　副会長　3人
                              │　各プロジェクト代表者
                              │
  ┌─統括会議：森林組合，山本組木材，市村組，下川製箸，商工会，下川木工場
  │　　　　　西村電気，国木林業，坂井モータース，役場（2人），農協　計12人
  │
  ↓
```

グランドデザイン プロジェクト 9人	下川型地域材活用 住宅プロジェクト 11人	21世紀創造 プロジェクト 4人	自然療法 プロジェクト 8人
環境マネジメント プロジェクト 3人	バイオリージョン プロジェクト 6人	商品開発 プロジェクト 10人	手延べ麺の 里づくり 1人

資料：㈶下川町ふるさと振興公社クラスター推進部

　点とは，①「地域の自律」「内発的な発展」による地域経済社会のシステム，②環境，産業，人々の歴史などの特性に根ざした「持続可能性」，③「産官学連携」を通じた技術，人材の蓄積，教育の高度化，④地域の意思決定過程における「行政・企業・市民のパートナーシップ」，⑤美しさ，文化の継承を意識した「地域アイデンティティーづくり」の5つである。地域内のネットワークによる地域の自律と持続しうる地域の発展という21世紀型発展のキーワードが強く意識されている。

　図4-3は研究会の組織図を示したものである。会長と副会長の下にプロジェクトを統括する12名の統括会議があり，いくつかのプロジェクトあるいはワーキンググループを設定するが，このプロジェクトは公募でも設定される。プロジェクトは固定させずその都度個別に立ち上げることにしている。メンバーは公募である。図は2002年の8つのプロジェクトを示しており，1998年の最初のワーキンググループはグランドデザイン，商品開発，木材加工の3つであった。1999年に5プロジェクト，2000年に7プロジェクト，2001年に7プロジェクトという状況である。たとえば，21世紀創造プロジェクトでは地域通貨の導入を検討した。下川型地域材活用開発プロジェクトは地域材を活用して森林組合の単身者用住宅を建設した。手延べ麺の里づくりプロジェクトではクマ

笹や黒小麦を混入して付加価値を付けた手延べ麺の開発を行い，商品開発プロジェクトではHOCTAC（北海道地域技術振興センター）のビジネスプラン推進モデル事業「トドマツ抽出成分（精油）の有効利用」が採択されたことと連動して，トドマツの葉にある精油からリフレッシュ効果，消臭効果，防虫効果のある商品を開発したのである。FSC認証取得もこの研究会成果の1つであった。

図4-4　下川町の内発的発展のイメージ

（ピラミッド図：下から しもかわ学会 → クラスター研究会 → 新産業創造 → クラスター形成、「クラスター推進部」の注記）

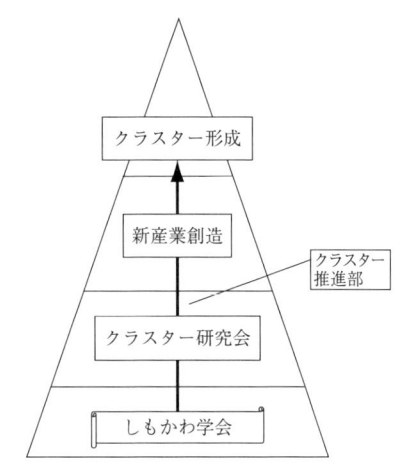

資料：下川町ふるさと振興公社クラスター推進部

2003年10月にはこうしたクラスター研究会の実践「下川での地域育ての実践と地域研究会員相互の交流を通して，学術的概念の再構築を図り社会変化に対応し，主体性をいかした新たな地域づくりを推進し，下川の継続的な発展に寄与することを目的として」地域学「しもかわ学会」が設立された。これには地元の一般の人30名と地域外（大学や環境団体）の人々が加入しており，役場の職員の3分の1が入会している。下川という町の学術的概念確立という哲学を基礎にした産業クラスター形成と地域発展のイメージは図4-4のように描かれている。

4 地域づくり運動を支える政策的支援

こうした活動を通じて，下川町における地域づくり運動は新しい段階に入りつつあると考えられるが，これらは住民達の創造的で自由な発想に基づく諸活動であった。他方，行政サイドにおいてもこうした運動と連携しながらさまざまな政策的支援を講じてきている。古くは町有林を購入して持続的林業と林産業および他の産業への波及効果を狙った政策に求められる。一時期政争があった時期もあるが，1980年代以降は，一村一品運動はもとより，カラマツ間伐材の木炭事業は行政と森林組合との共同作業であったし，万里の長城も中国旅行

に行った町職員の発想が基になっている。

　現在，下川町は町に人を引きつけ，定住を促進し，経済の地域内循環，新規起業をめざしてさまざまな支援策を打ち出している。たとえば，「下川町地域材利用促進事業」は，地域材の利用促進を通じて林産業の活性化を目的にしたものである。下川町内で切り出し製品化した建築材を利用して住宅等を取得し施工した個人や業者に対し，使用量によって補助する制度である。また，町内に住民登録を行い新築・購入した個人に対して，住宅床面積に応じて補助する制度「マイホーム建設促進制度」や，賃貸住宅の新築・改造をする費用に補助する制度「民間賃貸住宅建設促進制度」は安定した住宅供給と同時に定住を促進する狙いでつくられた制度である。農業においては，農業体験実習生受入事業を行ったり，実習終了後，農業経営可能な人には農地や農業関係資金制度などに補助する「下川町新規就農支援事業」が行われている。とくに注目されるのは，「下川町起業化促進条例」による起業の支援である。町内外を問わず，中小企業者や退職者を対象に，提出された起業化計画書に基づく審査・面接に合格した申請者に対して，事業に要する経費500万円を上限として補助したり，資金の円滑化のために金融機関に200万円までの融資の斡旋をしたりする制度である。これも産業クラスター形成の一環として条例化されたものであり，この制度ですでに数社が生まれている。

　森林や林産業を地域資源として活用する以外に発展の道は見いだせない下川町にあって，環境新時代に対応してこうした地域資源を質的に高めつつあることは地域づくりにとって重要である。このことが，地域づくり運動が現在，発展の導入期に位置づけられるとの仮説提示につながり，単なる市場競争力獲得を超えた人と人とのネットワークを通じた地域の質的発展につながる運動といわれるゆえんである。

　しばしば，地域づくり運動に必要なのは「よそ者・ばか者・変わり者」だといわれる。ばか者とか変わり者というのは，文字通りの意味ではなく，自分の故郷に徹底したこだわりをもち，自分の利益を顧みず地域で行動する人，あるいは，故郷にこだわりつつ自分の人生を平凡に過ごさずアクティブに生き抜く人という意味に理解することができよう。よそ者とは，文字通り当該地域を故

郷にしていない人のことをいう。下川町では1990年代以降Uターン者やIターン者（町外で生まれ生活してきた者）が目立ち始めている。冒頭に述べた「町が人を引きつける」現象である。UターンやIターンの正確な数は不明だが，ある論文によると，1996年時点で両者の合計は家族で移ってきた人たちを含めて101人（下川町企画課による），それ以降はさらに増加し，先に述べた林業体験ツアーなどを契機にIターン者が多いようである。企画課の経験によると，半数程度が地域にも慣れて，定住の可能性をもっている模様である。重要なのは，「よそ者」のうち少なからぬ人々がクラスター研究会やNPOなどの地域づくり運動の担い手になっていることである。彼らが，「ばか者・変わり者」とネットワークを結び，行政と連携した活動をすることにより，将来の見える地域づくりの実践につながっていると見ることができよう。そうした意味において，下川町の地域づくりにおいても人づくりが大きな意味をもっているといえる。地元の人と「よそ者」あるいは地元の人同士の軋轢や対立はこれまでもあったし，これからもありうるであろう。もちろん運動が深化していく中で，よそ者の中でも多様性がはっきりしてくることもある。それが，ときとして，地域づくりのあり方をめぐる意見の相違に結びつくこともありうる。その意味では，下川町の地域づくり運動もより高いレベルが求められているのかもしれない。

1) 宮崎隆志・鈴木敏正編著『地域社会発展への学びの論理――下川産業クラスターの挑戦』（北樹出版，2006年）230～234頁。
2) 原田四郎『森は光り輝く――北海道下川町再興の記録』（牧野出版，1998年）117頁。
3) ここの叙述は，下川町史編纂委員会編『下川町史』第3巻（1991年）498～520頁によった。
4) 神沼公三郎「労働者の新規採用が労使関係の近代化と地域振興の原動力に」森林組合 NO.372（2001年）19頁。
5) 柿澤宏昭「さーくる森人類――人のつながりをつむぎだす森作り活動」21頁。
6) トドマツ精油製品については，細田直志・陣内雄「トドマツ葉油の利用開発について」木材工業 vol.56, NO.11（2001年）。
7) 北海道・下川町森林組合『下川町森林組合における森林づくり基本方針・森林づくり作業方針』2002年5月1日。
8) 神沼公三郎・前掲4），21~22頁。
9) 宮崎隆志・鈴木敏正前掲書，神沼公三郎・奥田仁・佐藤信・前田憲編著『北海道北部

の地域社会——分析と提言』(筑波書房，2008年) 第5章3「下川町の挑戦」(奈須憲一郎稿) などを参照。

第5章
地域ネットワークのパラダイム(2)
──幻の小麦・ハルユタカをめぐる地域経済ネットワーク──

はじめに

　本章で取り扱う地域ネットワークの基盤となっている地域資源は，「幻の小麦」といわれる春まき小麦の一品種・ハルユタカという名の小麦である。国内で生産される小麦の約3分の2は北海道産であるとはいえ，日本全体では小麦の大半を輸入に依拠しており，生産者にとって小麦の生産は減反下の転作作物でしかなく，消費者にとっては原料以上のものではないのである。したがって，生産者は自らが生産した小麦がどのように消費されるかについて情報をもっていないし，そうした情報への興味ももたなかった。しかし，輸入小麦の残留農薬への不安，美食の追求，食育の高まり，転作奨励金の見直しと新たな経営安定政策が始まる中で，生産者にとっても消費者にとっても，意識的な小麦生産と消費が求められるようになった。ハルユタカという小麦の品種がパンの原料として適合的であることは以前から知られていたが，この品種は生産や加工が難しく，実用面で一般的な原料ではなかったのである。しかし以上のような状況下で，この品種をブランドとして育て，地域内のネットワークによって相乗効果を生み出し，地域経済の振興に寄与していこうとする動きが始まっている。具体的には，生産者（農家など）─加工業者（製粉業者，製麺業者など）─飲食店（レストラン，ラーメン店など）─消費者のネットワークによる相乗効果とブランド創出である。こうしたネットワークは地域内にとどまらず，地域間ネットワークへとハイブリッド化しつつある。後に詳しく述べるが，江別に始まった経済ネットワークによる相乗効果とまちづくりが，60km離れた滝川市でハルユタカによる四位一体のネットワーク（109頁以下を参照）として展開されつつあ

る。そしてさらに滝川より北の下川町（前章で森林クラスターとして紹介）など道北の小麦生産地帯にもネットワークをひろげつつある。このように，原料から消費にいたる経済ネットワークを地域に形成し，そうしたネットワークを地域間にひろげようとしているところに，特徴的な地域ネットワークモデルとして評価される理由がある。いわば地域横断型のブランド創出を通じる新しいタイプの地域づくりである。

1 幻の小麦・ハルユタカ

1 小麦生産の概況

　国内の小麦生産は1960年には153万1,000 t（輸入は266万 t）であったが，それ以降急減し，2005年の国内生産量は87万5,000 t，アメリカ，カナダ，オーストラリアなどからの輸入小麦が529万2,000 t で，国内生産は国内消費仕向け量の約14％程度（自給率）にすぎない。国内の小麦生産のうち，北海道の生産は54万 t 強で全国の収穫量の約62％を占め，作付け面積は11万5,500haで，全国の作付け面積21万3,500haの54％を占める。しかも，かつては10ａあたり収穫量も全国平均より低かったが，最近では全国平均を上回る収穫量になった。2005年産小麦で見ると，全国411kg／10ａに対し，北海道は468kgの収穫量を誇っている。北海道はまさに質量ともに備えた小麦生産王国でもある。

　図5－1は製粉された小麦の使途を示したものである。2005年の国内消費仕向け量約621万 t のうち，約80％に当たる490万4,000 t は製粉原料であるが，これによると，パンや麺類への消費が多いことがわかる。約40％の202万 t はパン，32.5％の159万 t は麺類の加工原料となっている。そして，国産小麦のうち約半分は日本麺として需要されている[1]。以上のような，日本における北海道の小麦生産状況を前提にして，北海道の品種別，地域別の小麦生産を見てみよう。表5－1は，北海道の小麦品種別生産量を示したものである。

　小麦の品種は大別して「秋まき小麦」と「春まき小麦」に分けられる。日本では秋まき小麦の作付けが大半を占め，北海道における作付けも同様である。

1980年代の作付け面積を見ると，80年代前半は秋まき小麦の「ホロシリ」そして後半には「チホク」の作付け面積がほとんどを占めている。1990年代後半にはこれらの品種に代わって，「ホクシン」の作付けが急増し現在にいたっている。2004年の北海道の小麦作付面積のうち，「ホクシン」の作付面積は約88％を占めている。それに対して，春まき小麦は本章のテーマである「ハルユタカ」や「春よ恋」がわずかな作付面積にとどまっている。こうした数値を見る限り，春まき小麦は大量生産に基づく経済性をもってはいない。

図5-1 小麦粉の用途別生産割合（2005年）
（単位：千t）

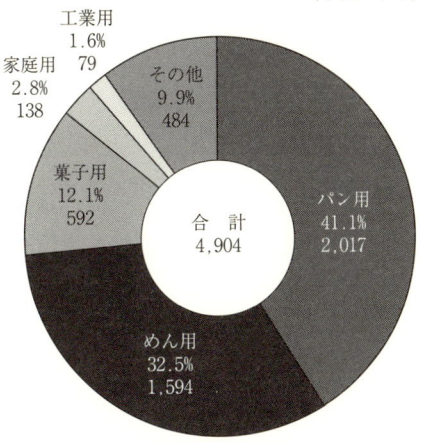

工業用 1.6% 79
家庭用 2.8% 138
その他 9.9% 484
菓子用 12.1% 592
合計 4,904
パン用 41.1% 2,017
めん用 32.5% 1,594

資料：(財)製粉振興会ホームページ

表5-1 北海道の小麦品種別作付け面積
（単位：ha）

		1975年	1980年	1985年	1990年	1995年	2000年	2001年	2002年	2003年	2004年
秋まき小麦	ムカコムギ	16,172	1,241								
	ホロシリコムギ	998	68,875	59,800	29,000	7,320	2,523	1,625	1,610	1,933	1,727
	タクネコムギ	3	8,813	8,950	2,230	2,320	661	657	845	1,217	1,066
	チホクコムギ			21,800	81,100	65,800	4,101	1,622	721	1,270	539
	タイセツコムギ					2,860	1,416	707	1,109	2,171	2,757
	ホクシン						88,466	93,360	98,383	99,074	100,279
	キタノカオリ									26	132
	その他	2,168	311	379		62	34	29	432	609	800
	小　計	19,341	76,238	90,929	112,330	78,362	97,167	97,971	103,100	106,300	197,300
春まき小麦	ハルヒカリ	1,485	9,634	1,530	38						
	農林61号		1,602	2,050							
	ハルユタカ			5	8,470	9,320	6,003	8,924	6,884	2,017	852
	春よ恋							546	2,780	4,443	5,845
	その他	6	4	30		28	17		36		3
	小　計	1,491	11,240	3,615	8,508	9,348	6,020	9,470	9,700	6,460	6,700
秋まき+春まき	合　計	20,832	87,478	94,544	120,838	87,710	103,187	107,441	112,800	112,760	114,000
	★				94,500	120,900	87,700	103,200	107,500	112,800	112,700

注：1975, 1980年は北海道農政事務所調べ，1985年以降は農産振興課調べ
★は北海道農政部・食の安全推進室農産振興課『麦類・豆類・雑穀要覧』平成17年11月の数値

2　初冬まき農法の確立とブランド化への道

　ハルユタカは1972年から北見農業試験場で春北47号（その由来は，春まき，北見，昭和47年）として育成開始された品種である。ハルユタカと命名されたのは1985年である。秋まき小麦だけでは輪作が成立せず，そのため春まき小麦の栽培が求められ，その結果生まれたのがハルヒカリを品種改良したハルユタカである。ハルユタカが誕生することによって国産小麦でパン製造が可能となり，それが後述するように，ブランドの質的中身を形成しつつある。ハルユタカは春まき小麦として栽培が開始されたが，消費者にとってはメリットがある反面，生産には多くの困難をともなう品種なのである。もともと春まき小麦は，春にまいて秋には収穫するため収穫期間が短く，播種後には梅雨があったり，9月上旬の収穫期に台風による降雨や秋雨前線の時期に遭遇する場合も珍しくなく，赤カビ病の発生に襲われたり，収穫前に穂が発芽したりして収穫量が安定せず，出荷が難しい品種なのである。このような事情のため，春まき小麦の10ａあたり収穫量は秋まき小麦のそれに比べて悪いのである。たとえば，北海道の2005年の秋まき小麦の10ａあたり収穫量479kgに対して，春まき小麦は297kgにすぎないのである。この数字も春まき小麦の育成方法の改良を重ねたため，この程度の収量差になってきたのである。1997年には秋まき409kgに対して，春まきはわずか72kgであった[2]。したがって，製品原料として根強い需要はあるが，生産者からは敬遠され，需要に供給が合致しないことから「幻の小麦」といわれてきたのである。1987年には春まき小麦作付け面積は最高の1万2,000ha強に達したが，生育条件の悪さからそれ以降の作付け面積は減少傾向を示している。このうち，ハルユタカの作付けは5,710haであった。その後，6〜9,000haで推移してきた。2003年には2,000ha強，2004年の春まき小麦作付面積は約6,700haであるが，ハルユタカの作付面積は，同じ春まき小麦の「春よ恋」の作付に押されて，852haにまで減少した。その中でも，ハルユタカ製品をブランドに押し上げようとする江別の作付が約70%を占めている。

　その後，栽培方法に改良が重ねられ，初冬まきの試みが始まった。1992年に初めての初冬まきで過去最高の収穫量を上げるなどの経験を経て，2001年に初

冬まき農法が確立した。初冬に播種（種まき）して翌年の秋に収穫するために，春まき，という品種名に戸惑うかも知れないが，元来春に播種する品種なのでこのような名前となっている。初冬まき小麦は雪下でじっくり育成させ，夏に収穫する栽培方法であるが，野草が積雪前に種を落とし，相対的に暖かい雪中で種を熟成させることからヒントを得て行われるようになった方法である。初冬まきというからには通常は11月初旬頃である。積雪との関係で播種のタイミングが大変難しいとされてきたが，後述する「江別麦の会」がこれに挑戦し，初冬まき小麦の栽培方法を確立させ，その結果，単位あたりの収穫量は大きく改善されてきたのである。初冬まき小麦は，根雪前の11月播種→3月雪下で出芽→4月融雪と同時に生育スタート／追肥→5月出葉／分げつ／幼穂形成→6月止葉／出穂／開花→7月黄金色の収穫間近な穂→8月収穫（早ければ7月末）という順序で生育する。この初冬まき小麦は穂のヒゲが長く粒もやや重くなる。2006年産の秋まき小麦10aあたりの収穫量は437kgに対して，春まき小麦は306kgとなった。地域的には，秋まき小麦の網走支庁の収穫量は572kg，春まきが430kgであり，他地域の収穫量を大きく上回る。本章が対象とする江別市では秋まきは382kgで全道の平均以下であるが，春まきは332kgで平均を上回る。同じく対象とする滝川市では秋まき小麦は276kg，春まき小麦は245kgで平均を下回っている[3]。

③ ハルユタカのブランド性

ここまで充分な定義をしないまま，希少性などという表象で'ブランド'という用語を使用してきたが，ここで，ハルユタカという商品名（原料名）とブランド性との関連にふれておこう。経済学でブランドを説明する理論の1つは労働価値説であり，もう1つは消費欲望論である。ハルユタカには双方にあてはまる理由がある。ハルユタカは上述のように，栽培が難しいために販売農家として生産に踏み切れなかった製品である。それは他の小麦の栽培に比べて投下労働量の多く，さらにはそのための設備投資にかかわる投下労働量が必要となる，ことなどから説明できる。それは販売価格に反映しており，現在のように，初冬まきが確立した段階においても価格はかなり高いのである。たとえば2006

年産民間流通小麦の指標価格は，生産量が最も多いホクシンという品種が3万9,603円／tに対して，ハルユタカは6万1,681円／t程度（消費税を含む）であり，約1.5倍超の価格なのである[4]。また，製粉した際に粉がやや黒ずむため，それが製麺の際に影響があり，外見上のうま味が減少するという難点をもっており，製粉業者も製麺業者も引き取りを拒否する場合が多かったのである。春まき小麦とりわけハルユタカを量産品として価格面からのみ見ると，価格競争力は弱いが，投下された労働量からすれば価値の高い製品となる。もう1つは，ハルユタカに対する需要への根強さ，すなわち消費欲望の高さから説明することが可能である。ハルユタカへの根強い需要の意味を少し説明しておこう。

　本章の冒頭で，小麦（輸入＋国内産）の使途の大半は小麦粉だと述べた。周知のように，小麦粉には薄力粉から強力粉まで4種類ある。薄力粉は焼くとフンワリするためケーキなど菓子類に適しているが，強力粉は粘りがあってモチモチした食感に仕上がり，パンなどに適している。パン食が一般化している現代にあってこそ，パンの材料としてハルユタカは重宝がられている。その中間にあるものが麺類として適しているのであり，日本麺は中力粉，ラーメンなどは準強力粉を原料としている。ただ，日本麺でも腰の強いうどんなどは準強力粉や強力粉が使用されている。ハルユタカという品種はパンや腰の強い麺への需要という点で根強い人気があるのである。付記するならば，小麦粉に違いができるのは小麦に含まれるタンパク質の含有率によるのである。小麦博士の異名をとる長尾精一氏によると，小麦には性質の異なったグリアジンとグルテニンが絡まってグルテンができ，このグルテン（タンパク質）の含有率によって小麦・小麦粉の性質が決まる。グルテンの力が強いと強力粉、弱いと薄力粉となるが，前者のグルテン含有率は11.5〜13％，後者は6.5〜9％である[5]。

　マーケティング研究者の石井淳蔵氏は，現代における富の基本形態は商品の集積ではなく，ブランドの集積として現れると述べて，'ブランド'が現代経済における基本形態といえるという認識を示しておられる。その上に立って，石井氏は，ブランドというのは，貨幣とならんで商品の重要な媒体をなすものであって，いったん媒体になると，自らその価値をつくり出す，そしてブランドは実態のない幻想ではなく，貨幣と同様に社会的実在性をもつものであると述

べてブランドの概念を提起されている。筆者は地域ブランドを考える立場から，石井氏のこの概念はブランドに関する1つの見地を示したものと考える。ハルユタカという素材とその加工品が地域ブランドとして「みずから価値を創り出す」段階にまで到達するのは簡単ではないが，ハルユタカという希少性のある資源を基礎に，生産者から消費者までのネットワーク型のニッチ産業として発展し，地元市場産業と基盤産業の双方の性格を兼ね備えた産業に発展する可能性をもっていることに着目して，ハルユタカというニッチな地域資源を地域経済振興に結びつけていこうとする発想が生まれたことが重要な意味をもつと考えられる。

2　江別のハルユタカをめぐる経済ネットワーク

1　札幌の「衛星」都市から「自立」都市へ

　ハルユタカという品種が登場したのは北見であるが，この地域資源を地域経済振興に具体化しようとする動きが始まったのは江別市においてである。江別市は高度成長期以前は農村都市，高度成長期以降は札幌への通勤者が居住する田園都市として発展してきた都市である。一面の低地地帯で，市内で最も高いところでも海抜93mであり，山林も約7％にすぎない。地場産業として知られているのは伝統的な煉瓦生産であるが，現在では出荷額はわずかである。工業的には王子製紙系の王子特殊紙㈱江別工場（前身は明治41（1908年）年操業の富士製紙会社第5工場）に代表される紙の町でもあった。農業は酪農から発達したが，戦後，北東部の泥炭地を耕地化し畑作もひろがった。

　表5-2は江別市の最も基本的な統計数字を示したものである。江別市の2007年の人口は12万3,086人であるが，1954年の市政施行時の人口は3万4,359人にすぎなかった。江別の人口が急増するのは高度成長が始まってからであり，とくに1965〜1970年の5年間は4万4,510人から6万4,762人へと43.3％の急増ぶりであった。その後増加率は鈍化するものの増加は持続し，1992年には10万人を突破した。この増加要因は，札幌への近接性による大型住宅団地の造

表5-2　江別市の人口・人口移動

	年	1955	1965	1975	1985	1995	2005
人　口[1)]	人	35,185	44,510	77,624	90,328	115,495	125,589
	指数	100	127	221	257	328	357

地区別人口[2)] (2005年)	地区	江別地区		野幌地区		大麻地区	
	人	50,338		43,716		29,928	
	高齢化率	16.9		18.4		20.8	

年齢階層別人口比率[2)] (2005年)		15歳未満		15～65歳未満		65歳以上	
	%	14.1		67.5		18.4	

道内移動人口[3)] (2004年)		札幌からの転入者			札幌への転出者		
	人	2208			2461		

就業者の移動[1)]		市内で就業		他市町村で就業 （うち札幌市）		総　数	
	年	1990	2000	1990	2000	1990	2000
	人	22,364	27,369	19,417 (17,468)	26,226 (22,136)	41,781	53,595
	%	53.5	51.1	46.5 (41.8)	48.9 (41.4)	100	100

注：1)は国勢調査，2)は住民基本台帳(2005年)，3)は市民課調べ(2004年)による

成と，若い世帯の増加にともなう自然増である。江別市は札幌から旭川に向かう国道12号線沿いにある都市であるが，JR札幌駅から江別駅まで20km，20分程度で行ける位置にあり，札幌への近接性が札幌への通勤と大規模な住宅団地の造成を可能にした。大規模道営団地が造成された大麻地区（札幌市と隣接）では1964年から入居開始されたが，1970年代には元野幌地区や文京台団地の造成が進み，1975年の団地人口は2万1,822人となった。こうして1970年代にははっきりと札幌の衛星都市としての江別という性格をもつことになった。その後，JR野幌駅周辺の鉄南地区開発も進み，1986年には見春台団地が完成した。また，地下鉄東西線の新札幌までの延伸により，大麻や文京台から新札幌までバスで10～15分程度で地下鉄と連絡された。

　江別は札幌の衛星都市として成長したが故に，大都市に通勤するサラリーマンの多さを表す項目の数値は高い。前述した住宅団地造成を反映して，昭和40年代～50年代は札幌から江別への転出超過が続いた。平成に入ると，元年から13年までは江別から札幌への転出超過となり，14年以降は江別から札幌への転出超過となっている。表5-2には2004年の札幌との人口移動数が示されているが，転出超過数はわずかな数字にとどまっている。同表には通勤状況（就業

者の移動）も示されているが，就業者総数の40％強は札幌で就業している。学歴という点では，江別市のそれは札幌（30.3％），同じ札幌の衛星都市：北広島市（28.3％）に次ぐ27.2％（2005年国勢調査）であり，高等教育卒業者比率が低い北海道にあって高学歴地域である。突出した高額納税者は多くはないが，対納税義務者1人あたり所得額は札幌市，北広島市に次いで高い。4つの私立大学が立地しており，官民の各種の研究所の立地も多い。

　しかし，成長の成果を都市づくりに効果的に配分することには失敗した。そのことは，都市としてのまとまりのなさと個性の弱さに表れている。江別市は，江別地区，大麻地区，これら両地区に挟まれた野幌地区の3つに分けられる。江別地区は都市としての発祥の地であり中心市街地であったが，近年衰退傾向が顕著であり，大麻地区は大規模住宅団地によって人口が増加した地域だが，市内で最も高齢化率（20.8％）の高い，つまり高度成長期に住宅を購入した市民が一斉に高齢化世代となりつつある地域であり，野幌地区はこれからの江別の中心と期待されているが，現段階では12万都市の中心地になるにはインフラストラクチュアや各種事業所の集積において未整備が目立つ。また，江別地区に分類される泥炭地を耕地化した農業地域は他地域と有機的な関連を有していない。同地区に位置する王子製紙系の工場は江別経済の重要な構成要素であるが，かつてのように，紙の町としての個性を出すにはインパクトが弱い。製造業出荷額に占める紙・パルプ製造業と食品製造業の割合はそれぞれ30％程度である。煉瓦の生産には伝統もあり，差別化できる地域の製品としての可能性を有しており，この面では期待されるが，まだ端緒的なものにとどまっている。要するに各地区の分業システムに相互関連が弱く，都市としてのまとまりと個性化に欠けるのである。

　ある将来人口推計によれば，江別市の人口は，札幌市の人口が2020年まで増加するのと対照的に，2010年代には漸減傾向が推定されている[7]。しかし，札幌の衛星都市に甘んずることで将来の江別の展望はあるのか，経済活力，文化，アメニティのバランスのとれた成熟都市たりうるのだろうか，と少なからぬ江別市民がこうした疑問を共有している。その象徴が江別地区の衰退，大麻地区の急速な高齢化，個性が見いだしにくい町の性格である。とはいえ，江別には

これらを生み出す資源がないわけではなく，潜在的にさまざまな要素をもっている。問題は，そのための資源や要素を有機的に結合させて都市としての格と自立性を高めるネットワークが不足しているのである。その1つが煉瓦アートであり，ハルユタカという小麦を共通項にしたネットワークである。江別に忘れてはならない産業として農業があり，それは農産物の育成から食にいたる広範な産業ネットワークの潜在力である。農産物のうち，麦をテーマにした「麦の里・江別」をめざす運動は，地域の産業づくりのための企業間・産業間ネットワークであり，食の文化づくりであり，江別という都市の内部から自立意識を育てる地域づくり運動でもある。

2 麦の里・江別の小麦生産

　江別の景観は，市街地以外は山林が少なく，一面の原野で土地は泥炭地である。農地はこの泥炭地を耕地化して拡大したものが多い。2005年の市内の面積のうち農地（田，畑，牧場）は43.5％を占めている。高度成長初期には約1,500戸の農家世帯があったが，2006年には618世帯に減少した。農業従事者も1,672人にすぎない。農業産出額は2000年以降60億円台で推移してきたが減少傾向にあり，2004年はほぼ60億円（うち耕種が約3分の2）となった。同年の紙・パルプ出荷額が約265億円，食品のそれが約250億円であるから江別の経済における農業の指標は必ずしも大きいとはいえない。そのうち，本章の対象である小麦の作付け面積は2001年に水稲を抜いてトップとなり，収穫量は2003年に主要農作物の中で最大となった。2004年の小麦作付け面積は1,880ha，収穫量は6,130ｔ，麦類の産出額は9億7,000万円となっており，麦類の産出額は農業産出額のうち16.1％を占めている。このように，江別市経済に占める農業生産の比重は高いわけではないが，農業生産において小麦は位置づけが高くなりつつあり，これが「麦の里・江別」づくりの基礎条件となっている。

　さて，すでに述べたように，小麦は米と異なり，直接食用になる農産物ではなくて，さまざまな加工過程を経て初めて食用として有用になる素材である。また，その品種によって食用の用途がそれぞれに異なるのも米と大いに異なるところである。表5-3を見ていただきたい。

表 5-3　江別市の小麦生産状況

	1997年			2001年			2006年		
	作付け面積	10aあたり収穫量	収穫量	作付け面積	10aあたり収穫量	収穫量	作付け面積	10aあたり収穫量	収穫量
春まき小麦	292	12	36	583	198	1,150	951	332	3,160
秋まき小麦	1,020	303	3,100	1,120	279	3,120	985	382	3,760
合　計	1,310	239	3,130	1,700	251	4,280	1,936		6,920
ハルユタカ									
作付け面積	(35)			282		1,598	554		2,241
栽培戸数	(16戸)			104戸			154戸		

注：作付け面積の単位はha，10aあたり収量の単位はkg，収穫量の単位はt
　　ハルユタカ栽培農家戸数の(16)は1998年の数字
資料：江別市経済部

　春まき小麦の数値には初冬まき小麦の数値が含まれているが，育成が難しい春まき小麦の作付け面積，収穫量が急増し，10aあたりの収穫量も大きく改善されていることがわかる。ハルユタカは春まき小麦の一品種であるが，作付け面積，収穫量が増加してきたのは1997年以降である。1998年の栽培農家16戸，作付け面積35haが2006年にはそれぞれ154戸，554haとなり，収穫量も2,241tにまで増加した。また，改良を進めた結果，春まき小麦の10aあたり収穫量は秋まき小麦との差を大きく縮小させている。2003年度産から，初冬まき栽培はハルユタカに統一した。ハルユタカの2005年の収穫量は2,087.5tであるが，この数値は北海道内のハルユタカ収穫量の70％を占めている。

3　「江別麦の会」の活動

　ハルユタカを江別の地域ブランドにしようという発想は1998年8月に開催された「全国焼き菓子コンペ」が江別で開催されたことが契機となった産官学連携組織「江別麦の会」の発足からである。会のコンセプトは，札幌の衛星都市としての発展だけでなく，自立都市としての発展をめざすこと，地域資源の見直しによる江別ブランドの創出であった。会の中心メンバーの1人によると，江別を面積割した産業の特徴は何といっても農業であり，それを抜きにした江別のまちづくりは考えられないのである。江別の小麦は，作付け面積も収穫量も米作を抜くほどの状況になっていたにもかかわらず，転作作物以上の位置づけはなく，政府買い入れ価格も安く，用途など付加価値を高める研究もされな

いままで,「麦」という素材を充分に生かし切れていないのが現実であった。道東の一部の穀物農家は大規模な生産活動をしており,そこと同じ品種の麦を生産していたのでは競争力が向上しないと考え,後に会の中心メンバーとして活動する人達は,こうした現状を変えて江別の小麦という素材の生かし方に心を注いできていた。もちろん,それまでにもそれぞれ個人や団体がハルユタカの生産や加工の試みを進めていた。たとえば,市内の農家の片岡氏は,1990年代前半から初冬まきハルユタカの栽培を試みていたし,江別製粉㈱は80年代から道産ハルユタカの小麦粉をパン原料として発売したり,ハルユタカスパゲッティを発売したりしてきた。会は,小麦の栽培や加工技術,用途適性の開発,販路の開拓などを進めることを活動目的に掲げた。また,食の安全への関心の高まりとそれに関するトレーサビリティおよび国産農産物の見直しの動きもこうした活動を後押しした。会の構成メンバーは試験研究機関や大学,関連業界,事務局としての市役所である。[8] 発足当初の会長は農協幹部であったが,2006年から農家の片岡氏が就任した。

　江別麦の会はさまざまな活動を通じて成果を上げてきた。第1は,初冬まきのハルユタカの栽培技術を確立したことである。道東の大規模小麦生産地帯で春まき小麦「春よ恋」という品種が生まれ,一時,全道的にハルユタカ消滅の危機もあったが,2003年,江別で病気に強く多収の初冬まきの試験栽培を成功させ,以前から栽培していた初冬まきのハルユタカ栽培面積を拡大することによって消滅の危機を乗り切った。こうした技術基盤の確立は,以後のハルユタカをめぐるネットワークおよび滝川とのネットワークに重要な意味をもった。2004年に全道のハルユタカ製品収穫量2,052 tのうち江別で1,525 t (74%)を生産している。2005年には,「江別ハルユタカ作付振興協議会」を結成し,江別のみで生産されているハルユタカの原種を守り安定生産につなげていこうとしている。

　第2に,メーカーに協力して播種機械の開発を行ったり,[9] 製粉加工業者はパンや菓子製造業者からの小口小麦製粉 (0.5～1 t) の需要に対応して小口対応プラント F-ship を導入 (江別製粉) するなどの工夫を行った。通常の大型製粉機は1回の製粉に20～25 tの小麦が必要なのだが,小口需要にも柔軟に対応で

きるようになった。

　第3に，ハルユタカを使ったパンなどの商品開発を通じた製粉業者と製麺業者の連携，さらにはスーパー，飲食店，大学生協などとの連携に結びついていった。このように，生産者（農家／農協）—製粉業者—製麺業者—飲食店等—消費者という取引を媒介にしたネットワークが生まれている。

4　江別小麦めんの誕生

　2000年10月に地元の民間研究所からの地域貢献事業の提起を受けた「ものづくりフェスタ」が始まり，それを基盤に，2002年9月に江別経済活性化を目的とした産官学連携組織「江別経済ネットワーク」（商工会議所専務理事が幹事となり，道立工業試験場や北電総合研究所，企業経営者，企業団地の事務局，大学人，農家，事務局幹事として江別市職員）が立ち上がっている。会員は個人に重点をおいており，商工会議所会員になれない農家も参加でき，商工業者と交流できるものとなっているなど，既存の組織や新しい組織の個人が柔軟に活動できるものとなっている。2006年末で会員は約130名である。会の規約では，積極的な情報交換や技術アドバイス，さまざまな人的交流を促進する場とすることがうたわれ，「市民としての発想と目線を活かしながら，産官学連携に基づく共同研究等による新規産業創出や既存産業の高度化等をはかり，新製品拡大や雇用拡大につなげるべく知恵を持ちよって活動する」（規約の目的）のがその内容になっている。この活動から現在2つのプロジェクトが生まれているが，その第2号プロジェクトが江別小麦めんプロジェクトである。

　江別経済ネットワークの発足直後から，製粉会社・江別製粉㈱と製麺会社・㈱菊水を中心に江別麦の会が協力して2002年11月「江別4大学ラーメン＋1」構想を発表した。学食のラーメンとひと味違った（＋1の意味）個性的ラーメンをつくる試みである。その後，全国テレビのラーメングランプリでグランプリに輝くなど，マスメディアによる宣伝効果も手伝って，地元での原料生産—地元企業での加工（製粉，製麺）を通して，産地にこだわったラーメンづくりが本格化することになった。2003年秋には江別経済ネットワークの第2号プロジェクトとして位置づけられ，江別ブランドラーメン部会として組織的に活動が始

まることになった。この部会の幹事会はハルユタカブランドを通じた一連のまちづくりの中心人物の1人S氏（江別製粉㈱取締役営業部長—当時），㈱菊水社長，春小麦生産農家，江別市経済部職員など10名であった。部会結成以来，何度かの試食会での好評を得て，2004年4月に「江別小麦めん」が発表された。主に江別産のハルユタカを使用していること，つけ麺のような食べ方を特徴とした麺である。[10]

その後，「江別小麦めん」をメニューに加えたいくつかの飲食店が現れ（2006年秋に約20店—季節限定の飲食店は約35店），市内のスーパーでは家庭用江別小麦めんが販売されたり，学校給食にも採用されるようになった。市内の小学生の学習成果の絵を販売麺のパッケージデザインに採用したり，サラダ麺として給食の献立にしたり，原料生産者（小麦畑）—加工生産者（製粉会社，製麺会社）の見学を組織したり，食育面でも地域社会への embeddedness（埋め込み）を進めている。

2004年から小麦フェスタ in 江別が開催されている。これは，上述した全国焼き菓子コンペ，菓子祭りに続くイベントとして取り組まれているが，菓子から原料の小麦にまで対象を広げ，食の安全・安心の高まり，江別における地産地消，江別における人と人のつながりをひろげる地域づくりパフォーマンスを目的として，市民が小麦を「学ぶ・食べる・楽しむ」ために催されている。

政府（食料・農業・農村政策推進本部）は2004年度から「立ち上がる農山漁村有識者会議」を設置し，自ら考え行動する活動に対して農産漁村活性化のための先駆的事例を認定している。公募された事例の中から認定するものであるが，2006年度は50例が認定されたが，そのうちの1つが江別麦の会に与えられた。小麦でつながる産官学民・広域ネットワークの活動が認められたのである。同時にこうした活動を支援・協力し，地域の活性化に貢献したとして江別製粉㈱と㈱菊水の2社が選ばれた。[11] また「江別麦の会」の活動など小麦を軸にした地域づくりが2008年度『中小企業白書』の事例として紹介された。[12]

5　ハルユタカ・ネットワークの構図

図5-2はこれまで述べてきたハルユタカ小麦ネットワークを図示したもの

第5章　地域ネットワークのパラダイム(2)

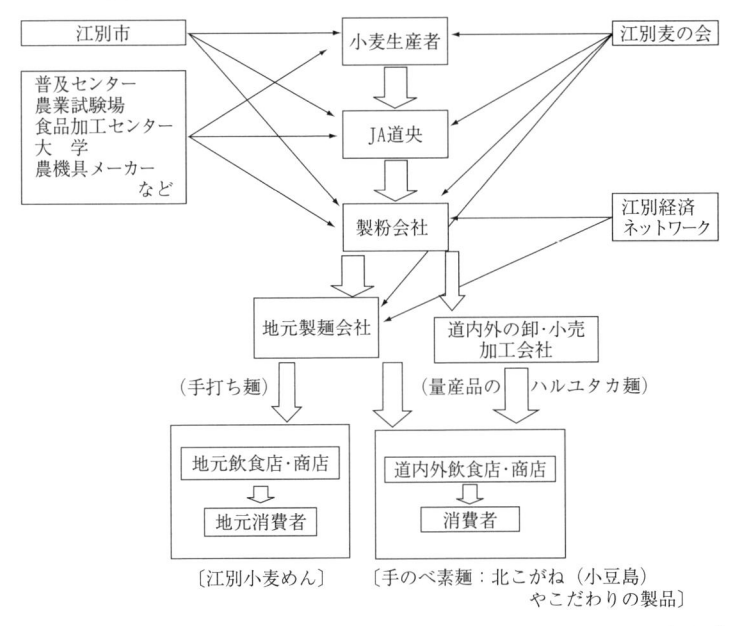

図5-2　江別の「ハルユタカ」小麦のネットワーク

資料：石狩中部地区農業改良普及センター「産官学連携による江別産小麦の生産流通」を一部修正して作成

である。中央上段から下段は，ハルユタカの生産から最終消費にいたる諸工程を示している。左側はそれら諸生産・工程への支援・協力をしている組織であり，右側はそれら諸組織を含む連携団体を示している。こうした一連の経済的再生産のサイクルから次のような効果が生み出されている。生産者（農家）にとっては，ハルユタカ製品のブランド化によって生産意欲が向上し，供給責任の自覚が高まり，差別化された消費の拡大によって経営の安定が図られ，ネットワーキングによって自己の生産（農業）の枠を超えた地域経済を見通す視野のひろがりが見られるようになる。生産されたハルユタカはJA道央を通して加工業者に中間財として流通する。製粉会社は市内の製麺業者そして一部は北海道内外の卸・小売や加工会社に出荷する。市内の製麺会社は，製造した麺のうち特注製麺機（手打ち用）で生産した麺は市内の飲食店やスーパーに江別小麦めんとして出荷し，量産用のラインで製造したハルユタカブレンド麺は北海道内外の飲

107

食店・スーパーに出荷し，パンや菓子などこだわりの製品を求める消費者に提供する。消費者は地元の食材を通して，地元の農業の位置や製造業の存在を知り，江別という町への誇りをもちうる可能性をひろげる。いわば自立都市への精神的支柱の創出にもつながっていく。

　図の左に位置する農業改良普及センターなどは，初冬まき栽培の改良・安定生産によりハルユタカ生産量の確保への指導・支援，ハルユタカ用の播種機の開発や小量生産用の製粉機の開発などに協力する。江別市はハルユタカの栽培，開発，流通，製造に政策的支援を行ったり，様々な組織の運営に向けた人的支援などを行っている。すでに述べたように，江別麦の会や江別経済ネットワークはこれら生産・加工の主体も参加している組織であるが，前者はパンやラーメン用小麦粉の開発や試食会，後者は第2号プロジェクトとして江別ブランド化に向けた支援をする。

　このネットワークの特徴は次の点に求められる。第1に，原料生産から最終消費にいたるまでのそれぞれの生産主体が連携し合うネットワークであること。第2に，それぞれの取引関係は垂直的であるが，取引のシステムは別組織（江別麦の会など）において議論され承認された水平的なものであること。第3に，大都市に隣接した都市でありながら，歴史的基盤をなしていた農業に着目したクラスターであること。第4に，ハルユタカという「幻の小麦」に着目したクラスターであること。第5に，市内の農業関係団体，研究機関，大学，市役所による支援体制があること。第6に，最終消費にいたるネットワークに関連するが，生産やサービスにかかわる経済団体にとどまらず，さまざまな祭り（ラーメン祭りなど）やイベント（試食会など）を通じて，一般消費者とのネットワークも形成しつつあることである。

　このようなハルユタカネットワークはまだその形成への助走段階にあるが，食の安全・安心，本物志向が求められる中で，経済効果も上昇傾向にある。江別市内の年間出荷量は約15万食（特注製麺機による手打ち麺—1日の出荷量は1,000食に限定）に達し，道外に出荷される量産型の小麦麺は2004年—104万食，2005年—166万食，2006年—250万食へと増加傾向にある。江別経済ネットワークによれば，小麦販売額，販売拡大にともなう設備投資，パッケージデザイン

経費，製品出荷額，飲食店やスーパー等での消費額などの経済波及効果は2004年と2005年の2年間で約16億円と推計している。企業訪問や研修会で江別を訪れた人も2年間で約3,000名になっている。

3 滝川のハルユタカをめぐる経済ネットワーク

1 滝川という町とハルユタカの生産

江別のハルユタカをめぐるネットワークは，ある人的つながりを通じて，江別より北60kmに位置する滝川でネットワークの芽を吹き始めている。**表5-4**は滝川市の主要統計を抜き出したものである。人口は高度成長期に5万人を超えたが，その後わずかづつ人口は減少傾向にある。人口の社会減は以前から続いているが，最近はわずかではあるが，自然減も始まっている。1958年に市となり，岩見沢とならんで空知の中心都市として発達を遂げてきた。現在も周辺の農村に比べると商業従業者が多く，事業所も市街地に集積しているため，昼間人口も夜間人口を2,000人程度上回っている。建設業従事者が実数・比率ともに製造業の2倍あり，公共工事削減の影響が大きいことがうかがえる。全道的には食肉製造販売の㈱マツオ（松尾ジンギスカン―年商31億円，従業員252名）がよく知られており，ジンギスカン料理の本場ともいわれている。製造業としては食料品製造業が製造品出荷額181億円余りのうち21％余りを占め，サーク

表5-4　主要統計からみた滝川市

人　口[1]	1960年	1970年	1980年	1990年	2000年	2005年
	44,571人	50,648人	51,192人	45,591人	46,861人	45,550人
産業別従業者数比率[2]（2000年）	農　業 5.7%	建設業 14.7%	製造業 7.2%	商　業 23.7%	サービス業 30.0%	公　務 7.0%
産業別産出額等[3]	農業産出額 39.4億円	製造品出荷額 147.5億円	卸売販売額 534億円	小売販売額 535億円		
所　得[3]	1人あたり所得298万円			4,000万円以上所得申告（2005年）7法人（12.8億円）		
金　融	銀行預金残高804億円			銀行貸出残高157億円		

注：1) 1960年と1970年の人口は合併前の江部乙町を含む
　　2) 2000年国勢調査
　　3) 表記以外は2004年の数字
資料：『地域経済要覧』東洋経済新報社，2007年

表5-5 滝川市の小麦生産状況

		2003年	2004年	2005年	2006年
作付け面積 (ha)		503.7	553.9	514.5	650.3
うちハルユタカ		8.5	15.3	65.0	126.7
出荷量 (t)		1,772	2,189.5	1,680.3	1,842.2
うちハルユタカ		16	26.5	163.6	412.1
10aあたり収穫量 (kg)	滝川地区	−	−	330.2	238.2
	江部乙地区			323.1	318.6
うちハルユタカ	滝川地区			340.7	263.7
	江部乙地区			221.9	343.3

注：1）滝川とは，滝川地区と江部乙地区
　　2）2003年はホクシンとハルユタカ，2004, 2005年はホクシン・春よ恋とハルユタカ
　　　2006年はホクシン・春よ恋・ハルユタカ・キタノカオリ
　　3）出荷量は1・2等および規格外すべて含む
資料：JAたきかわ江部乙支店

ル鉄工（2005年5月期売上高約31億円，従業員88名—2009年5月倒産）など中小規模の農業機械メーカーが地場産業として地元経済を支えている。金属製品および一般機械の合計は20％強となっている。金融機関では，空知地域をエリアとする金融機関の北門信用金庫の本社（職員266名）が所在する都市である。

　農業就業者数は1,285名（全就業者の5.7％—2000年国勢調査）でとくに多いわけではない。農家数は1980年には1,300戸あまりであったが，2000年には789戸となり，20年間で40％減少した。1戸あたり生産農業所得は2002年が227万円あまりで，北海道平均（約621万円），空知平均（390万円）を下回っており，所得額は北海道では小さい。農業産出額は1999年まで50億円台，2003年までは40億円台，2004年には39億4,000円となり，40億円を下回るようになった。農産物別の産出額は2003年の米は58％，2004年は54.1％で，米が半数以上を占め，小麦はわずか5％程度を占めるにすぎない。

　表5-5は最近の滝川市の小麦生産状況を示したものである。2003年以降，滝川（JA滝川とその江部乙支部の合計）で生産されている小麦の品種は「ホクシン」と「ハルユタカ」そして2004年と2005年は「春よ恋」，2006年にはそれらに加えて，わずかではあるが「キタノカオリ」が生産されている。このうち，春まき小麦は「ハルユタカ」と「春よ恋」である。すでに述べたように，現在，北海道で生産されている小麦で最も多く生産されている品種は秋まき小麦の「ホクシン」であり，滝川においても「ホクシン」の生産量は2006年にほぼ4分の3を占めている。そうした中で，「ハルユタカ」は作付け面積，出荷量ともに急増していることが表5-5から読み取れる。とくに2005年からの増加が顕著であるが，このことは後述するハルユタカブランドをめざす動きと密接に関連

している。

　滝川における春まき小麦の生産は1980年代半ばが最初である。差別化された小麦品種の生産をめざして，三谷農産（江部乙の農家）が春小麦の耕作に取り組んだのである。しかし上述したように，春小麦の生産は困難をきわめ，しかも需要もあまり伸びないため失敗に終わってしまった。2001年に赤平市などを含む中空知地区の一部農家（3戸）は初冬まき小麦栽培の再開を約束し，2003年から栽培を再開した。これらの動きは，ハルユタカのブランド化をめざす製粉業者や地元加工業者との取引と密接に関連して始められたものであるが，この地域にふさわしい栽培法の確立や初冬まき播種機の共同利用でコスト低減を図るなどの努力を重ねてきた。また，10aあたり収穫量も滝川地区では2005年・2006年ともに平均収穫量よりも多く，江部乙地区も2006年は平均収穫量を上回っており，栽培が困難な品種ではあるが，他の品種に引けをとらない収穫量となっている。ただ，栽培技術的には粘土状のほ場に対する排水対策，除草対策などの課題はあるし，さらに消費者の嗜好や販売量を考慮した収穫量，品質向上が求められている。現在，赤平の農家を含む50戸の農家が146.2haで初冬まきの栽培を行っている[14]。

2　ハルユタカをめぐる経済ネットワークの構図

　滝川におけるハルユタカネットワークは，「四位一体」と表現されるつながりから成っている。1つは原料（小麦）の生産主体である。ハルユタカの生産は，生産に際して効率が悪いため作付けが進まなかったのであるが，生産を志向する農家と，地元産の原料生産—加工—消費による地産地消で小麦製品のブランド化をめざす製粉会社との小麦取引によるネットワークができ上がった。具体的には，江別麦の会などのネットワークを担っていた江別製粉㈱とその取締役のS氏が2つ目のネットワークの主体である。3つ目は地産地消の商品開発力を志向していたその製粉会社と取引のある製麺会社である。4つ目は飲食店，ラーメン店など最終消費工程と消費者である。後で述べる滝川市の保養施設：丸加高原伝習館のレストランや市の関連施設，ラーメン店，イタリアレストラ

ン（パスタ）などの飲食店と消費者である。原料生産から最終消費にいたる「四位一体」を滝川という1つの地域で地産地消を実現しようとするネットワークである。これを牽引しているのは，幻の小麦といわれ，栽培に多くの手間とコストがかかるが，その独特の腰の強いモチモチ感のために根強い需要があるハルユタカの潜在的ブランド性である。さて，この「四位一体」はこうした説明だけを見ると，通常の取引ネットワーク以上のものではないように見える。それぞれ関連する業界の取引であったり，飲食店で食を楽しむお客（消費者）であったりするからである。この「四位」を「一体」化させる主体のあり方が，滝川におけるハルユタカネットワークと江別のそれとのネットワークの特徴である。

　江別においては，江別製粉㈱のS氏が江別におけるハルユタカネットワークのキーパーソンであったが，滝川との関係では市職員のN氏による滝川のハルユタカネットワークのコーディネートが大きな特徴である。発展・成熟するどんなものも，開発の初期には思いがけない契機から始まる場合があるが，ハルユタカネットワークもその例に漏れない。このネットワークの経過をN氏への取材から要約してみよう。滝川に丸加高原という見晴らしのよい地域がある。ここには，キャンプ場，ゴルフ場，牧場などがあり，その中に伝習館という宿泊・研修施設がある。そしてその中にレストランもあるが，話題性に欠けており，人々が憩い楽しむ施設のレストランとしては食というキーワードで差別化を進めるべきではないか，との職員として赴任したN氏の思いがあった。ここから差別化されたメニューとして「合鴨ラーメン」が生まれた。このときのラーメンは普通の麺を使用していたが，合鴨が多くの人に受けて話題性を提供し，売上も大きく伸びた。以前からジンギスカンとならんで合鴨は滝川の特産物であったが，ラーメンに応用したのは初めての試みであった。そして，次の差別化メニューを模索しようとしているときに会ったのがS氏であった。S氏はすでに江別麦の会の活動を通して，ハルユタカ小麦を江別ブランドにしていく活動を進めており，その生産の普及を通して滝川の農家とのネットワークをつくりつつあったのである。2004年5月，あるイベントの打ち合わせの際，その農家からN氏にS氏の名が伝えられたが，奇しくも両人は高校時代の同級生で

あった。そして同年12月に100％滝川産のハルユタカを原料にし，合鴨からとった出汁と細切りにした合鴨の入った「合鴨ラーメン」が生まれたのである。滝川地域のハルユタカ生産農家とレストランとのネットワークの誕生であり，江別と滝川のハルユタカネットワークという地域間ネットワークのハイブリッド化である。

図5-3　滝川の「ハルユタカ」小麦のネットワーク

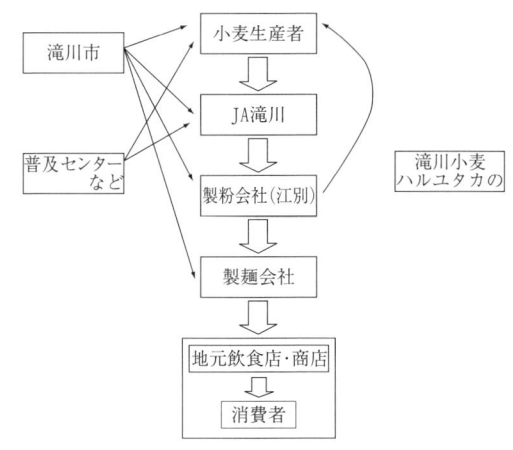

```
滝川市 ──→ 小麦生産者
         ↓
        JA滝川              滝川小麦
普及センター ↓              ハルユタカの
など     ──→ 製粉会社(江別)
         ↓
        製麺会社
         ↓
        地元飲食店・商店
         ↓
        消費者
```

資料：図5-2の江別のネットワークを参考に筆者作成

　滝川には製粉会社はない。したがって，滝川産ハルユタカの製粉は江別製粉㈱によって行われている。滝川では製粉の後工程になる製麺会社は1社しかないが，この㈲大澤製麺は戦後直後に創業し，現在にいたるまで地元市場を中心に地域密着の生産活動を行ってきた会社である。[15] このメーカーはこれまで滝の糸という商標で手延べ麺などを地元原料で生産してきた。滝の糸の生産を始めたのは1989年であるが，現在も湿度の高い（80％以上）加工室でスダレ状にならべられた麺を職人達が箸で延ばす作業を行っている。㈲大澤製麺は，このように地元産，無添加，手作りの麺で地元市場に製品を出荷するという地産地消と食の安心・安全を実践する生産活動を得意としてきたのである。ハルユタカの生産を本格的に始めた農家―JA滝川経由とハルユタカに注目した製麺会社の意欲とが一致し，2004年春から試作開始し，1年後の2005年6月に地元産ハルユタカ100％のラーメンの販売が始まった。N氏が支配人を務めていた丸加高原伝習館（2007年度から指定管理者に委託）のレストラン―製麺会社―生産者のネットワークが結実したのである（図5-3参照）。2006年には2,000食／日の10％程度の生産となっている。価格面では川下産業そして消費者レベルにも反映している。江別製粉㈱から流通業者を経て仕入れる価格は，通常の小麦の場合25kg／1袋で3,000円程

度であるのに対して，ハルユタカは5,000円程度の価格となる。このことは，消費者の購入価格にも反映せざるをえない。通常のラーメンは600〜650円であるが，ハルユタカラーメンは750〜800円程度の価格となっている。しかしそれでも，対消費者にはかなり価格を抑制していることが読み取れる。筆者も実際に食べてみて，これくらいの高価格は気にならないほどのシコシコ感を味わったのである。

　ハルユタカ100％の製品開発は，市内の飲食店に少なからぬ刺激を与えた。市内の数軒のラーメン店はハルユタカ100％のラーメンを消費者に提供し始め，レストランはハルユタカを素材に組み込み，すべて地元産の食材で工夫したメニューを考案した。イタリアレストランは㈲大澤製麺と共同でハルユタカのパスタを開発し，伝習館ではさらに新たなメニューを考案するなど，'競争の好循環'が形成され始めた。㈲大澤製麺は市内のスーパーにハルユタカの生麺や乾麺を卸すなど売上も順調に伸び始めている。滝川市内に手作りパンの加工体験と販売に取り組む「滝川食と農を考える女性の会」という市民団体があるが，この団体では2007年から地元産ハルユタカ100％のパンづくりに切り替えた。

　このように，生産者から消費者にいたるネットワークが形成されつつあるが，それは従来は見られなかった異質の経済主体同士の信頼と共感を生み出している。たとえば，これまでは生産者が自分の生産した農産物がどこでどのように加工され消費されるか，といったことにさほどの関心を示さないのが通常であった。しかし先のハルユタカ生産農家・三谷農産のM氏は，意識してラーメン店を訪れ，自分のつくったハルユタカが誰にどのように消費されているかを知ることができ，生産の励みになると述べる。N氏によると，江別と同様に，ハルユタカメン製品を学校給食へ導入することも検討されている。

　さまざまなイベントへの出品や自らのイベント開催にも積極的である。2004年11月には，滝川農業まつりにハルユタカを使用した「チョッちゃんのふるさと滝川生ラーメン」を出品し好評を博した。2006年7月には「小麦サミット2006 in 滝川」を開催し，生産者，JA，製粉・製麺会社，レストラン経営者，地域的には地元はもとより江別，下川そして愛知などからの参加によってパネルディスカッションやほ場視察などを行い，生産者から消費者にいたるネット

ワークの信頼と共感を共有した。11月には札幌で開催された北海道ラーメンまつりにも出店した。2007年4月には「滝川小麦ハルユタカの会」を立ち上げ，地域経済活性化の一層の相乗効果をめざそうとしている。

4 地域経済におけるネットワークモデル

1 地域における経済ネットワークの意義

以上，ハルユタカという差別化された小麦品種の生産・加工とそれらの経済循環ネットワークを，江別そして滝川の2地域の事例に基づいて述べてきた。それは従来型の食の産地のタイプとは異なる産地形成に向かう経済ネットワークであり，一言でいえば，食の地域ブランド化による地域経済の1つのネットワークモデルであり，地域産業集積や地域づくりに結びつく可能性をもったモデルであった。ハルユタカをテーマにした経済ネットワークモデルは生産―加工のみでなく消費者を含んでおり，しかも食の安心・安全，ホンモノの食への志向，健康ブームにも乗って，現段階ではマスメディアの注目が集まり続けている。しかし，地域ブランドを形成し，それが次々に新たな地域的価値を創出し，地域づくりに結びついていく重要だが1つの過程であり，そのための課題も多い。そこで，この2つの事例に見られる経済ネットワークの意義を整理し，そこから次のステップに向かう課題を明らかにしておくことにしよう。

第1は，江別のように大都市に隣接する都市でありながら，'農'に着目し，しかも量産型の農産物ではなく，ハルユタカという特殊な小麦品種にこだわったネットワークであることである。

第2は，この経済ネットワークが原料生産から最終消費にいたるすべての経済的過程にまたがっていることである。ある製品の生産をめぐって個々の工程を担う経済主体をネットワーキングしたり，範疇の異なる生産諸過程をネットワーキングする事例は，地域経済振興をめざして行われているものに限っても多く見受けられる。しかし，原料生産（農業）―原料の加工（製粉・製麺）―販売―消費という諸過程をネットワーキングした事例は少ない。

第3は第2に関連するが，地域内の経済主体を連携させることが経済過程の連携につながり，それは地域内経済循環の効率につながったことである。原料生産から最終消費までの連携は地産地消の考え方につながっている。

　第4に，地域内の経済主体が，ハルユタカという付加価値の高い素材を共通したビジネス目標で連携して，それぞれに付加価値の高い製品を生み出したことである。さらにそれを'江別小麦めん'などのように，地域の名を付すことによって，地域価値の向上をにつなげようとしている。

　第5に，地域の特性を知り尽くし地域にembed（埋め込む）した経済主体ならではの身の丈にあった地域戦略として進めていることである。それは移出製品と地元製品とを巧みに組み合わせ，地元市場を何よりも大事にしているということである。

　第6に，独立した経済主体のコーディネート役を果たす仕掛け人が存在していることである。彼らは農家，製粉メーカー，製麺メーカー，レストラン等飲食店，スーパーなど小売店や消費者をコーディネートすると同時に，技術，研究開発，行政など生産過程をサポートする機関・団体・個人との柔軟なコーディネートを進めている。しかもそれが信頼に基づく対等な関係として持続していることが重要である。

　第7に，第6とも関連するが，コーディネートが地理的にやや離れた地域との地域間ネットワークにつながっていることである。これまでにも自治体間，関連業界間など個別分野のネットワークの事例はあるが，複合的なビジネスシステムや地域づくりの戦略を共有した地域間ネットワークの事例は見受けられない。その意味で，江別のハルユタカネットワークシステムが滝川にコーディネートされ，さらに2007年にハルユタカの栽培に成功し，それを素材とした「手延べ麺」などで「日本最北の手延べ麺の里」として地域の売り込みを進めつつあった下川町とのネットワークの共有に進化しようとしている。[16]

2　経済ネットワークを地域づくりのネットワークへ

　ハルユタカをめぐる経済ネットワークは多くの意義をもったネットワークとして進んでいるが，その大きな戦略目標からすれば，それを実現するための課

第5章　地域ネットワークのパラダイム(2)

題は少なくない。最後に総体としてのネットワークの課題を指摘しておこう。

まだ明確な理念や戦略目標の形をとっているわけではないが，先行した江別のハルユタカネットワークが共有しているのは，自立都市およびその基盤となる産業クラスターの形成である。こうした産業クラスターの形成や自立都市という目標から見れば，現在はいわば離陸期から発展期にさしかかる段階といえよう。そうした段階であることを踏まえて，次の発展期—成熟期に展開していくための課題は，1つはネットワーク内部にかかわる課題であり，もう1つはネットワーク外部との取引等にかかわる課題である。

内部にかかわる課題としては，まずハルユタカ小麦が安定供給できる生産体制があげられる。前述したように，ハルユタカの単位あたりの収穫量は低かったのだが，改良を重ねた結果，現在では秋まき小麦と比べても遜色ないくらいに収穫量は高まってきた。この点での課題は解決されつつあるが，生産農家にとって，他の小麦や他の作物と比べた場合のリスクやハルユタカを大量生産した場合のリスクは無視できない。その意味では，先行した江別においては，ハルユタカの作付けがこれ以上飛躍的には増加できないという見方も専門家の中ではある。こうした原料生産の困難とかかわって，ハルユタカネットワークが質的に向上していくには，江別型のハルユタカネットワークがどこまでネットワーキングできるか，ネットワーキングした地域で生産農家との供給体制をめぐる信頼関係がどこまで築けるかにかかっているといえる。生産農家に対して，とくに1市町村というエリアで見ると，小麦の加工会社は少ない。たとえば，滝川には製粉会社はなく，製麺会社も1社のみである。地域経済の基盤をなす産業集積を構想する場合，同種の複数企業が存在し，それら企業が柔軟なネットワーク（取引）を構築することによって需要に対応する高付加価値製品の生産が可能になるが，地域寡占体制の下では典型的タイプの地域集積にはなりにくい。したがって，できる限りネットワーク内で情報を共有し合い，長期に持続しうるブランド化を目標として共存・共栄できる信頼関係を構築することが大事であろう。

ネットワーク外部の問題とは外部経済主体との取引のマネジメントの課題，つまり，供給サイドに対する需要サイドの問題である。具体的には販売・市場

対策である。現在，江別では地元市場へは手打ち麺，地域外市場へは量産品の麺という市場差別化を行い，滝川では滝川とその周辺に市場が限られているが，離陸期から発展段階に移行する段階で，地元生産の素材をどのような地域にマーケッティングしていくかが問われている。たとえば，地元以外から製品発送はせず地元工場から直販する等の販売原則は，地域の経済ネットワークへの経済効果還元やホンモノ志向の消費者とのつながりを持続させる上でとれる選択方法の1つであろう。食に関する取引においてポイントになるのは販売市場の確保である。とくに大手流通・販売会社との取引のあり方は，こうした地域ネットワークに大きな影響を及ぼすケースが少なくない。こうした会社との取引は一方では，一気に大きな市場に拡大することができ，ネットワークの成長を牽引する。しかし他方では，こうした希少資源の排他的買い取りや価格主導力による絶えざるビジネスの環境変化，市場の変化や限界に遭遇した場合等のリスクが存在するのも事実である。いずれにせよ，生産・供給サイドと市場・需要サイドの調整，ハルユタカをブランドに仕上げ，それが食と地域のブランドとして新たな価値を創造していくネットワーク内のマネジメントが重要になろう。個別製品のブランド化を地域ブランド戦略や地域づくりに結びつけていくためには，地味だが地域の現実に合致した持続可能な取り組みが求められる。

1) 製粉以外の小麦の使途は，味噌，醤油などの工業原料および飼料である。
2) 2001年も秋まき小麦405kgに対して，春まき小麦は128kgにとどまっていた。
3) 2005年産小麦を品種ごとに見ると，最大のホクシン（秋まき）は作付け面積10万ha強，10aあたり収穫量484kg，収穫量50万t，春まき小麦の「春よ恋」はそれぞれ6,430ha，292kg，1万8,800t，「ハルユタカ」はそれぞれ771ha，341kg，2,630tである。
4) 指標価格とは，入札価格の加重平均の価格であり，ホクシンの上場数量は13万7,000tに対して，ハルユタカはわずか490kgである。(財)製粉振興会『製粉振興』2006年1月。
5) 科学技術庁資源調査会編『日本食品標準成分表』（5訂）によると，強力粉（1等粉）のタンパク質11.7%，薄力粉（同）8.0%となっている。
6) 石井淳蔵『ブランド——価値の創造』（岩波書店，1999年）130, 136頁。
7) (財)日本統計協会『市町村の将来人口（2005〜2035）』（2007年）。
8) 「江別麦の会」のメンバーは次の通りである。道立中央農業試験場（長沼町），道立食品加工研究センター，石狩中部地区農業普及センター（江別），酪農学園大学，道央農協（江別支所，野幌支所），江別製粉㈱，㈱菊水，江別市（経済部）。

9) 播種機の車輪をタイヤではなく，ソリ状にすることによって，タイヤに埋もれたりして作業を停止するなどの弱点を改善した札幌の農機具メーカーの播種新型機であるが，これは滝川におけるハルユタカ作付けにも使用されている。
10) 年により小麦品種の配合率は変わっているが，配合率はインターネットで公表している。2004年はハルユタカ50％，2005年は30％，2006年は60％の配合率である。もちろん，ハルユタカ以外の小麦も江別産である。http:www.13.ocn.ne.jp/~eknet/project2.html
11) 両社のプロフィールは次の通りである。江別製粉㈱：1948年設立，資本金7,600万円，2004年度の売上は24億2,572万円，従業員61名，年間加工量3万4,000 t，小麦粉販売量の全国シェア0.5％：キーパーソンは取締役営業部長佐久間良博氏／㈱菊水：1949年下川町で創業，1967年札幌工場設立，1973年江別に本社工場設立，資本金1億8,000万円，従業員500名，売上高7億600万円（2006年3月期），常務取締役の杉野邦彦氏が江別麦の会や江別製粉㈱と連携して「江別小麦めん」を開発してきた。
12) 「2008年度農工商連携88選」経済産業省。
13) 江別経済ネットワーク江別ブランドラーメン部会事務局報告資料「『江別小麦めん』の地域ブランド商品開発・販売等に関する経済効果について」（平成18年9月7日）。
14) 「宮井誠一氏の経営概況」『第26回（平成17）北海道麦作奨励会第3部（全道における春播小麦）』北海道農業普及センター。なお，これに赤平と芦別の作付け面積を含めた数字が146.2haである。
15) ㈲大沢製麺のプロフィールは以下の通りである。1947年創業，1978年滝川市流通団地に工場移転，従業員15名，資本金1,000万円，2005年6月の売上は1億1,000万円，卸先飲食店120店。
16) 北海道経済版『日本経済新聞』（2008年5月9日付）。こうした動きは，美瑛町のカレーラーメン，岩見沢のネギラーメンなどの試みにつながっている。

第6章
くらしのネットワークパラダイム

1 人と人とのネットワークをつくる地域通貨'クリン'
──栗山町の地域づくり──

　180万都市・札幌から高速バスで東方面へ1時間ほどの所に栗山町は位置している。基本的には農業地帯であるが，1970年までは炭鉱（角田炭鉱）もあった。空知支庁の南に位置しており，現在は南空知地方の中心都市でもある。大都市から車で1時間の距離といえば，三大都市圏での感覚からすると，充分通勤圏といえる地理的位置であるが，この栗山町は交通条件からみて通勤圏といえる地域ではなく，畑地が広がる田園地域である。隣接する夕張市に代表されるように，空知地方の炭鉱の閉山はこの地域の経済を大きく衰退させていくことになったが，栗山町は炭鉱への依存が少なかったために，他の炭鉱都市ほどの直接的な影響は被らなかった。しかし，代わりに衰退していく地域の中でいっそうの自立性をもたざるをえなくなった。さらに，後述するが，栗山町の再生にとってより重要な要素となったのは負の遺産からの脱却であった。栗山町は大きな転機となった1970～1980年代を経て，福祉のまちづくりをスローガンに新たな地域づくりを進めることになった。

　栗山町の地域づくりへのフットワークは軽い。とにかく，地域づくりに寄与すると考えられることに対しては，何でも試みてみる，というのが信条のようにみえる。全国でも珍しい町立介護福祉学校の開校や，地域通貨'クリン'のいち早い導入も福祉のまちづくりに寄与する要素と位置づけた上での行動である。日本では珍しい，電柱を地下に埋設した商店街再開発が行われたり，名前が町名と同じというだけでスポーツジャーナリストの栗山英樹氏と提携し，栗

山氏によって「栗の樹ファーム」が造られたし，輸出がだめなら現地で生産という発想で，将来を見据えて中国での「栗山メロン」栽培事業に取り組んだり，反問権を含む議会改革の内容を含んだ議会基本条例を制定したり……。とにかくフットワークが軽い。しかも，こうしたフットワークに共通しているのが栗山町におけるコミュニティネットワークである。

栗山町は地域通貨'クリン'によって一躍全国的に知名度のある町に躍り出たといっても過言ではないであろう。確かに，'クリン'を福祉の地域づくりに位置づける発想は大事であり，本章でもその意義を評価するが，同時に，それだけで地域づくりが果たせるわけではない。本章はクリンを媒介とするコミュニティの再生とそのネットワークの実態を通じて，栗山町の総合的地域づくりにおける地域通貨の意義を述べてみよう。

1 負の遺産を福祉のまちづくりへ──栗山町の概況──

栗山町は角田藩士の開拓から始まった。戦前は角田村という名であり，その開基は1888（明治21）年であり，栗山町が現在の町名になったのは戦後，1949年である。第1回国勢調査（1920年）の人口は1万4,000人弱であった。その後人口は漸増し，敗戦直後には2万人を超えた。その後も戦後復興とともに人口は漸増し，1963年には2万4,572人を記録した。しかしその後高度成長とともに人口は漸減傾向をたどり，平成に入って1万5,000～6,000人台で推移したが，21世紀に入って1万5,000人を下回り，2007年には1万4,224人（住民基本台帳人口）となった。それでも空知支庁管内町村では最も人口が多いのである。産業別就業人口は**表6-1**に示したように，第一次産業の割合は半数となり，それに代わって第三次産業の割合が高くなっている。

栗山町の主要産業の1つは農業である。しかし，1950年頃の農家戸数は70年には1,201戸となり，現在は600戸あまりとなった。生産の主力は稲作で，他は畑作，とくにタマネギの生産が多いのが特徴である。農業生産額も1970年には製造業出荷額の約2分の1を占めていたが，2002年には4分の1強に減少した。1988年の農業粗生産額約93億円は2002年に約67億円に減少しているが，この生産額は空知管内町村では長沼町に次いで第2位となっている。

表6-1　栗山町の主要指標

人　口	年	1920	1947	1963		2007	
	人	13,943	20,721	24,572		14,224	
産業別就業人口	年		1965			2005	
	産業別比率(%)	第一次 40.5	第二次 26.3	第三次 33.2	第一次 20.6	第二次 23.6	第三次 56.0
農　業	年		1970	1985		2005	
	農家数(戸)		1201	920		581	
	生産額(億円)		33.8	81.1		66.0	
工業出荷額	年		1965	1976	1987	2005	
	額(億円)		37.8	109.5	229.6	220.3	
小売業販売額	年		1966		1985	2004	
	額(億円)		20.3		195.3	170.9	

注：人口の1920，1947年は国勢調査，1963，2006年は住民基本台帳による

　1970年に角田炭鉱が閉山し，中心作物であった稲作減反政策が始まった。栗山町ではそれに対応して企業誘致に積極的に取り組み，現在，234号線沿いに位置する工場団地は，誘致企業中心の第1～第3団地と地元企業の移転を中心とした中小企業団地があり，合計23企業が入居している。また，工場団地外にも1888年創立の小林酒造，1913年創立の谷田製菓という老舗企業，もともとの生産は洋菓子であるが，現在は温泉，ホテルやゴルフ場などを全国的に展開する㈱シャトレーゼも立地している。工業出荷額は，昭和40年代には100億円を下回っていたが，1980年代には200億円を突破し，2002年の製造業出荷額は約234億円となっている。これは南空知管内では岩見沢市（約9万4,000人）に続いて第2位の額である。しかし，1990年代初めには工場団地内企業の出荷額が半数近くを占めていたが，一部の企業は撤退・海外移転するなど，栗山町にとっては大きな課題を抱えたままである。

　栗山町は人口1万4,000人あまりの町であるが，小売業においては7市町にまたがる商圏をもっており，空知市町では最も多い販売額を上げている。しかし，商圏の人口の減少などにより，ここ数年は販売額も減少し，1人あたりの販売額も1.00（全道＝1.00）以上で推移していた指数が2002年には1.00を下回った。

　以上，栗山町の主要な産業の動向を中心に述べたが，高度成長期に企業誘致や農業近代化などの政策を進めてきた1980年代以降，それまでの成長志向から

「福祉のまちづくり」へとなぜ政策を大きく転換させたのであろうか。これははじめに述べた負の遺産に関連する。それは六価クロム鉱滓埋め立てに起因する公害である。1960年代から六価クロムによる公害への不安が住民の間に生まれていたが、栗山町が国や道の協力を得てその実態調査に乗り出したのが1971年である。日本電工㈱（1964年までは日本電気冶金）は1935年に栗山町に工場設置認可され、37年からクロム塩酸などの生産を始めた。戦後も生産は継続され、その結果、工場内の労働者つまり工業内の災害のみならず、町内に埋め立てたクロム鉱滓による公害問題（井戸水から自然状態の30倍の六価クロム検出等）としてクローズアップされるようになった。さらに、「栗山町全域が黄色い水におおわれている」との報道により栗山町の農業などに大きな打撃を与えた[1]。その後、栗山クロム訴訟が始まり、札幌高等裁判所で結審し和解したのが1990年であった。

栗山町はこの出来事から重要な教訓を得て、福祉のまちづくりを積極的に掲げるようになるのである。1988年の「栗山町新発展計画」は、その基本目標として福祉の充実を打ち出し、「心ふれあう豊かな文化都市」の形成に向けて福祉、経済、教育・文化を3本柱に据えたのである。同年、全国初の町立介護福祉学校を開校し、「栗山ならだいじょうぶ」のスローガンの下に、福祉ビジョンの設定、福祉課の独立、福祉情報誌の発刊、お年寄のいない家庭に、1人暮らしのお年寄を受け入れる事業「いきいきホームステイいん栗山」、人にやさしい家づくり事業など福祉のまちづくりの施策を進めていくことになったのである。

② 福祉のまちづくりと'クリン'の役割

1 地域通貨'クリン'の導入と「コミュニティネットワーク」

(1) コミュニティ再生手段としての'クリン'

周知のように、地域通貨は'通貨'とはいっても国家的強制力をもった通貨ではなく、発行者は国家ではなく、地域限定で流通し、蓄積や利子機能をもっていない。地域通貨が生まれたのは1930年代で、70年代、80年代からも一部で試みられていたが、現在のように日本で一般化するほどになってきたのは1990年代後半といってよい。1990年代後半に地域通貨の流通が急増してきた背景に

は，市場システムがすみずみまで貫徹する中で人と人，コミュニティのつながりが失われたこと，バブル経済崩壊によって地域経済の衰退が進んだこと，国家の行政領域・官が民へと政策転換が進んだこと，などの社会・経済の変化があることはいうまでもないであろう。こうした社会・経済の変化の隙間を埋めるものとして地域通貨は生まれてきた。

現在の地域通貨の数は601，準備中のものが10あると報告されている。[2] この大半は21世紀に入ってつくられたものである。ただ，これだけ多くの数があっても稼働が確認できるものは必ずしも多くない。泉留維氏によると，地域通貨は2001年4月に50であったものが2008年2月には646（うち北海道は48）あるといわれている。最近では商工会議所や自治体も地域通貨に取り組み始め，また，国の支援も始まっている。本章は地域通貨について論じるものではないが，'クリン'の類型，位置，役割に関する理解に資する限りで，関連する議論にふれておこう。

表6-2は，地域通貨にかかわる諸論文から地域通貨の類型，コンセプト，担保の有無の3点で整理したものである。地域通貨には2種類あって，1つ

表6-2　地域通貨の性格

類型	コンセプト	担保の有無
相互扶助型	コミュニティの回復	無担保
地域経済活性化型	プロジェクト志向型	財担保
	経済循環志向型	円担保

資料：後掲注3)参照

は相互扶助型，もう1つは地域経済活性化型である。前者に関しては，コミュニティのつながりの回復や「公」の領域の補完がコンセプトとしてある。後者はさらにプロジェクト志向型のものと地域内経済循環志向型に分類される。相互扶助型の地域通貨には無担保であるのに対して，プロジェクト志向型では天ぷら油，生ゴミ，地域の森林など一定の「財」を担保に流通させるものである。地域内経済循環志向型の地域通貨は「円」を担保とするもので，いわば地域内商品券に近いものである。栗山町の'クリン'はコミュニティ相互扶助型の無担保型の地域通貨で，福祉という側面をも含んでいる。[3]

地域通貨のあり方については批判もあり，筆者も無条件に賞賛する意図はない。たとえば，「公」の領域の補完する役割ということについては，「公」つまり行政の責任を転嫁するものではないかとの批判もある。また，鹿野嘉昭氏に

よると，現代経済システム下では何らかの実体的な経済の裏づけをもたせることが不可欠であり，そのためには発行者の手許に対価が還流する仕組みをつくらないと成功は難しく，「地域通貨の発行自体，地域経済振興のための魔法の杖にはなり得ないのである」。そして，地域通貨発行の「目標を地域社会の再生や住民相互間の助け合い促進などに絞り込むべきである[4]」。ここでは筆者の考えを述べる余裕はないが，いずれにせよ，地域通貨は導入され始めて歴史が浅いため，さまざまな試みの中から地域にとっての意義と役割を実証することが大事であると考える。

(2) 地域通貨NPO法人の設立と'クリン'の事業

'クリン'の名称は栗山の'くり'と清潔を意味する'クリーン'との合成語である。すでに述べたように，栗山町は1980年代後半から福祉のまちづくりを政策の柱に据えてきた。介護保険制度施行直前の高齢者数は総人口1万5,000人弱に対して3,600人あまり（2000年国調人口）であった。そのうち要介護者と予想される500人余りは介護保険制度で対応できるが，あとの3,000人あまりの高齢者がどのような生き甲斐をもった生活を送るかは不透明であった。しかも高齢化はさらに進むことが予想され，町内会も高齢者に対応しうるようには機能していないのが現状であった。1999年春，地域通貨の活動を始めていた通産省（当時）の加藤敏春氏の考えを前町長が伝え聞き，その考えが福祉に応用できるとの直感を得たのが直接の契機であった。バブル経済の波に乗らない福祉のまちづくりという強い意識が，福祉と相互扶助の地域通貨を導入する素地を形成したといえる。ちなみに，1988年には全国最初の町立介護福祉学校を開設しているが，この学校の生徒の存在が後の'クリン'の活動に重要な意味をもつことになる。同年7月，栗山町で加藤氏の講演と地域通貨の学習会を開催，9月に「くりやまエコマネー研究会」を設立した。当時の会員が20名で，代表になった長谷川誓一氏は栗山町出身者ではないが，北海道生まれで市民活動への潜在力を秘めた人材であった。札幌近郊に位置し，都市生活経験をもつ退職者や新住民の存在がこうした活動が展開できる素地を提供していた。

このように，'クリン'は高齢者が生き甲斐や人と人とのつながりをもって生活できる'あたたかい地域社会'をめざして生まれたのである。研究会の創設

以来，2000年2〜3月に第一次試験流通実施，同年9〜11月に第二次試験流通を実施し，それらの経験の学習を通じて2001年9月〜2003年3月に第三次試験流通を実施した。そして2003年5月から'クリン'の本格流通が始まったのである。その間，2002年8月には栗山町で第一回地域通貨国際会議が開催されている。それには北海道（220万円）と社会福祉協議会（210万円）などからの補助金が支出されている。

2005年5月，「くりやまエコマネー研究会」は発展的に解消し，特定非営利活動法人（以下NPO法人と略記）「くりやまコミュニティネットワーク」となり，これが以後の'クリン'の活動基盤となっていくのである。NPO法人「くりやまコミュニティネットワーク」は意志決定機関として3人以上10人以内の理事と3名以内の監事で組織され（3名の理事と2名の監事—2004年8月），事務局員は公募で3名が活動している（同）。ただ，事務局員は，さまざまな事情により絶えず人材が変化しているのが実態である。会員は入会金5,000円，6,000円／年の会費（賛助会員は2,000円）で団体，個人の会員を募っており，15名の会員がいる（2004年7月）。活動内容は保健，医療，まちづくり，環境，子どもの健全育成であり，そのための事業としてクリンを活用した地域相互扶助事業等が掲げられている。町役場前に栗山町社会福祉協議会の前の事務所である「いきいき交流プラザ」があるが，「くりやまコミュニティネットワーク」の事務局はここにおかれている。

(3) コミュニティネットワークへの財政支援

2003年，社協からこの交流プラザの管理運営を委託されているが，ここにはパソコンを習うことによって若者と交流する機会を増やすことも狙った事業（パソコン教室）が行われ，「くりやまコミュニティネットワーク」の事務局員がそれに対応することによって，町から管理業務として管理費補助金が支出されている。法人の収入はこれとその他の補助金である。

後述するが，クリンの2回の試験流通の結果，第三次試験流通ではサービス依頼者と提供者のマッチングを行うコーディネーターをおくこととし，エコマネー支援システムを導入することになった。図6−1はエコマネー支援システムを示した図であるが，①サービス提供者が提供できるサービスをパソコンで

図6-1　クリンの流通システム

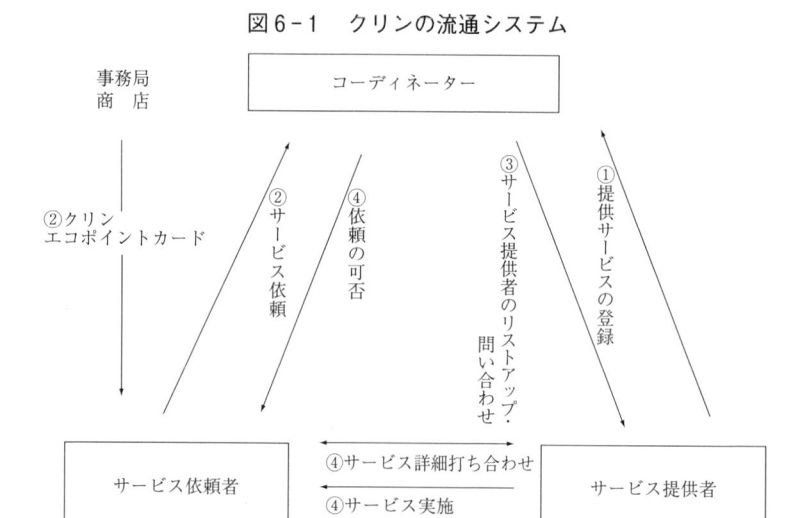

資料：くりやまコミュニティネットワークの資料をもとに筆者作成

登録し，②サービス依頼者がパソコンでサービスを申し込み，それをコーディネーターが代行入力し，③マッチングし，④⑤提供者と依頼者との間で受諾とその結果を相互に連絡し合う，そうした一連の流れをコンピュータでシステム化したものである。また，こうしたシステム化は不用意な個人情報の流出を防ぐ効果も期待された。

　このシステムは日立製作所・情報推進課が地域貢献事業として開発したものであるが，クリンの効率的なシステムを求めていた栗山町側との目的が一致したのである。図6-1は日立によるシステムの概念図であるが，これを基礎に栗山町の特性に対応させたシステムを共同で開発したのである。この開発は総務省・地域情報化モデル事業（ｅまちづくり交付金）の補助金で行われた。事業名は「支援システムを活用した地域通貨導入の実証実験」で，整備期間は2003年4月～2004年3月である。総事業費約1,600万円のうち，約1,500万円が補助されたのである。

　さて，国際地域通貨会議への補助やエコマネー支援システム開発への補助は創設段階のものであるが，事業が継続されるためには運営資金の確保が重要で

ある。2003年に開始したクリン活用事業は栗山町の重要な施策の1つと位置づけられており，町の補助金等の見直しの中で，2004年以降新規・充実する補助金とされたのである。栗山町は2003～2008年度を対象として第二次行財政改革大綱を発表しているが，その一環として補助金等の見直しを行っている。実際，農政課関連（農業）への補助金を除くと，「NPO法人くりやまコミュニティネットワーク事業補助金」（健康福祉課）は継続性においても支出金額においても抜きん出ていたといってよい。2004～2008年の補助金合計は1,000万円であった。しかし2004年になって補助金審査会の査定によると，必要度81点／100点，ランクはA～DでBランクとされ，2004～2008年度は毎年70万円削減（5年間で350万円削減）へと補助金支出状況は厳しさを増している。くりやまコミュニティネットワークは以前から，人件費を最小限に抑え，資料等も有償としたり，視察には一定の手数料をかけるなどさまざまな収入増加・支出削減を試みているが，営利事業でないだけに収入増は困難なのが実態である。

次にクリンの仕組みと流通の現状についてみておこう。

2 'クリン'の仕組みと流通状況

(1) 'クリン'のシステムの実践的形成

すでに述べたように，クリンは3回の試験流通を経て2003年4月から本格流通が始まった。この試験流通の経過を振り返りながらクリンのシステムを説明しておこう。

第一次試験流通は参加者256名であった。交換基準は1サービス＝1,000クリンを基準とし，感謝の気持ちを自由にプラスするという基準であった。このときのサービスの依頼方法は電話で依頼者が直接依頼することであった。参加者に，運営団体のくりやまエコマネー研究会（当時）からサービスメニュー表が配布され，それに提供できるサービス（してあげられること）と依頼したいサービス（してもらいたいこと）を記入する。くりやまエコマネー研究会は調査表を基にメニュー表を作成し，クリン紙幣と交換手帳とともに参加者にわたす。参加者はこのメニュー表から自分が受けたいサービスを選び，提供者に電話で依頼する。サービスを受けた後は，紙幣のクリンを1サービスにつき1,000クリン

を目途に感謝を込めて支払う。クリンの支払いが終わった後，すでに受け取っている交換手帳に記入する。クリン紙幣は1,000クリン，500クリン，100クリンの3種類で，これは現在も変わっていない。スタート時に1世帯に2万クリンを配布しておく。交換手帳はいわば預金通帳のようなもので，依頼したサービス，提供したサービスについて日時，相手，サービス内容，相手のサイン，残額などを記入する。

　第二次試験流通は参加者553名で前回よりかなり参加者が増えている。第一次試験流通後のアンケートで，電話でサービス依頼者と提供者が連絡を取り合うことへの困難さが指摘され，現在にいたるコーディネーター制を一部で導入している。第一次では新興住宅地を推進地区に指定し，当該地域の参加者の中からコーディネーター役をお願いしていったが，第二次試験流通では，そのコーディネーター役を担ったのが町立介護福祉学校の生徒達であった。学校として全員が参加し，コーディネート役を果たすことになった。これは，若い世代と高齢者のコミュニケーションを促進する上で重要な経験であった。第一次試験流通時に比べて2倍の流通量となった。第二次試験流通では，世帯ではなく参加者に5,000クリンを配布して始まっている。第一次試験流通の2万クリンは多すぎて交換の刺激に欠けたとの反省からである。クリン紙幣もデザインをハイブリッド化し，交換手帳も携帯しやすいようにサイズを変えた。サービスメニュー表も急増し，目次を含めると700頁＝9,000項目と電話帳のようになった。ただ，これはあまりにも重すぎて逆に負担となり，エコマネー支援システムの導入を急ぐ理由にもなった。介護保険制度利用者や高齢者世帯へのサービス方法も取り入れた。第二次試験流通でもう1つ重要な実践は，エコポイント制度をつくったことである。町内のスーパーマーケット（7店）の協力により，買い物袋を持参してスーパーの袋を使わない人に1エコポイント＝100クリンとし，10ポイント集めると1,000クリンと交換する仕組みをつくった。これは，提供サービスが見いだしにくい高齢者にとっては，クリンを貯めるよい機会となった。

　第三次試験流通は1年半の長期間にわたり行われ，参加者数は767名となった。これには介護福祉学校の生徒161名も含まれている。第三次試験流通では

先述したエコマネー支援システムを導入し，エコマネーモデル地区を拡大して6名の地域コーディネーターを配置して本格的にコーディネーター制をとった。エコマネー支援システムの導入によって交換手帳とサービスメニュー表の配布は不必要となり，システムエラーなどの緊急時用にコーディネーターだけがもつことになった。クリンの配布は参加者1人に3,000クリンとしたが，流通を促進するために1人あたりの配布クリンを下げてきている。交換手帳の代わりにエコポイントカードを配布することにしたが，そこには5ポイント分の押印欄を設け，5ポイントたまった段階で500クリンと交換できるようにしている。また，エコマネー研究会としてペットボトルからエコバッグ（1,000円）を製作し，エコポイント利用に供することにしている。エコポイント協力店は7店から58店へと大きく増えた。また，民間介護支援事業者と介護保険ではまかなえない介護サービスをサポートする連携したり，子ども達の参加を呼びかけるイベント，環境保護活動（エゾエノキの冬囲いなど）などを行ったのも，試験流通の経験から生まれたものであった。

(2) 現在のクリンの仕組み

現在のクリンの仕組みは第三次試験流通のシステムとほぼ同様であるが，ここで再度流通の仕組みを整理しておくことにしよう。図6-1で日立製作所が開発した一般的なエコマネー支援システムを示したが，クリンの仕組みも基本的には同じである。[5]

① 参加申込書に，個人情報と提供できるサービスを記載し，くりやまコミュニティネットワーク事務局が，それをデータベースとしてシステムに入力。

② 参加者は事務局よりクリン紙幣（3,000クリン）とエコポイントカード1冊を受け取る。

③ 参加者はインターネットまたは電話でコーディネーターにサービスの依頼をする。

④ それを受けて，コーディネーターは依頼案件の選択とサービス提供者候補をリストアップする。

⑤ コーディネーターが候補者に引き受け可能かどうか問い合わせて調整する（コーディネーターは提供者を探す際に，所持残高を確認し，その少ない人か

ら順に依頼を行い，参加者の公平性を図る）。
⑥ 引き受け可能な人が見つかると，依頼者にメールか電話で紹介する。
⑦ 提供者から依頼者へサービス内容の詳細を打ち合わせる。
⑧ 依頼者にサービスが提供され，クリンが支払われる（支払われるクリンの額は1時間＝1,000クリンが目途であるが，フレキシブルに設定可能である）。
⑨ 依頼者は支払ったクリンの額，クレーム，感謝の気持ちをコメントする。

以上がクリンの基本システムであるが，この中でもとくにコーディネーターが重要な位置と役割を果たしていることが理解されよう。その意味でも，町立介護福祉学校の生徒は高齢者に関するノウハウを学習しつつあるだけに，その存在はとくに重要であろう。

(3) クリンの流通状況

クリンを媒介とするサービス内容は，3回にわたる試験流通を通じてメニュー項目数は500を超えた。その具体的内容を少し紹介しておくことにしよう。

サービスメニューは大きく7項目から成り立っている。ここにあげたものはほんの一部であるが，生活に密着した多様なサービスが登録されていることがわかる。表6-3ではただちに理解しかねるかもしれないが，とくに高齢者からの各種手伝い，パソコン操作に関するサービス依頼が多いことが特徴である。またそのことが，サービスの一方通行という課題にもかかわっている。

1つの例をあげよう。Tさん（10歳）はKさん（75歳）から大正琴を教わったが，それはTさんが，入院しているおばあさんに大正琴を聞かせたくて，クリンのメニューに「大正琴を教えて欲しい」という登録をしており，同じく「大正琴を教えます」と登録していたKさんと一致して実現したのである。Kさんは「子どもは覚えが早いから授業料は必要ない，クリンが手頃」と思ったのである。Tさんは姉のSさんとともにKさんから習い，すぐに「さくらさくら」などを弾けるようになり，感謝の気持ちを込めて1,000クリン＋100クリンを支払った。Sさんは以前も，高齢者に買い物をしてあげた経験をもっており，ありがとうといわれた経験がうれしかった，と話している。[6] 養鶏業を営む人からは，もっと，地域経済に貢献する活動を望むというニュアンスを含ませながら

表6-3　クリンのサービスメニューの事例

分類	サービス	分類	サービス
生活	ＡＶ機器の操作教えます おもちゃの修理 屋根の雪おろし 赤ちゃん夜間預かり 買い物代行 ペットの育て方 お風呂洗い 部屋の掃除代行	学習	中国語通訳 英語翻訳 子ども向けペン習字 簡単一言語
食事	お好み焼きの作り方 そば打ち パンの作り方 子ども向けおやつ アイスクリーム作り 茶碗蒸しの作り方 しそジュース作り ラーメン屋情報	趣味	空手教えます キャッチボールの相手 ゴルフ教えます 町内めぐり同行 大正琴教えます 海外旅行のアドバイス サッカーの相手
健康・介護	病気の悩み相談 血圧測定 風邪の治し方 散歩の同行 車椅子の介助 通院のお手伝い マッサージ ダイエット教えます	コンピュータ	ホームページの作り方 インターネットのセットアップ Ｅメールの使い方 パソコン救急相談 エクセルの使い方 パソコン操作の初歩 パソコン購入相談 パソコンで年賀状づくり
学習	高校の勉強教えます 教育相談 作文教えます 海外留学のアドバイス	その他	農業の手伝い 茶飲み友達 留守中の新聞保管 子どもに絵本を読む お店の手伝い イベント協力 年賀状手伝い エコポイント回収

資料：NPO法人くりやまコミュニティネットワーク事務局

も，子ども達に卵拾いをしてもらう中で，卵の生産実態にふれるのはいい経験になるのではないかと期待する[7]。町立介護福祉学校の生徒のＮさんは，提供サービスメニューとして，和太鼓教えます，を登録しているが，重量のある和太鼓をクリンでイベント会場まで運んでもらった経験をもっている。Ｎさんは出会いを拡げる場としてのクリンに注目し始めている[8]。まさに，コミュニティにおける人と人との相互扶助＝ネットワークを回復させる事例といえよう。

3　クリンに対する反応と課題

このようなクリンの活動は，冒頭に述べたように，類型は相互扶助型，コンセプトはコミュニティの回復，無担保という型に分類される地域通貨の実践であるといえる。運営主体のNPO法人くりやまコミュニティネットワークの理

事や事務局の献身的な活動，推進地区のコーディネーター（住民），行政や福祉団体のバックアップ，町立介護福祉学校の生徒達，企業の支援などによって，流通・促進へさまざまな工夫を重ねている。介護や福祉施設とのネットワークづくりも試験流通を通して進んだ。町の支援体制はあるが，主体はあくまで民間に徹している。人と人とのネットワークの媒介役を果たしつつあり，クリンの活動は全国的にも高い評価を受けるようになった。地域通貨の理論家・実践家である加藤敏春氏は自著で，栗山町の実践は「質・量とも世界最先端に達している9)」と述べ，また，地域通貨の専門家の間でも評価が高い10)。クリンは栗山町のある種の'ブランド'になった観すらある。

　しかし同時に，クリンを持続させ地域における人と人とのネットワークをさらにひろげていくには課題も少なくない。それらの課題を最後に列挙しておこう。

　第1は，サービス内容の問題である。確かに，高齢者が依頼したい項目が多いのだが，メニューとしてはイベントの協力が大きく増加している。高齢者や障害をもつ人々も健常者とまったく対等に暮らせる福祉のまちづくりをめざすなら，もっと広義の福祉サービスにかかわるメニューがあってもよいのではないか。

　第2は，依頼メニューと提供メニューがアンバランスなことである。とくに，高齢者と若者との間でそれが著しい。高齢者の提供メニューが少ないのは致し方ないとしても，そのアンバランスを是正するためのエコポイントカードが充分に活用されていない傾向がある。エコポイントをもっとひろげるのか，それとは別の流通方法を模索するのか，いずれにせよ，メニューのアンバランスを変えていくことが求められている。

　第3は，町立介護福祉学校生徒の役割はきわめて重要なのであるが，若者のクリン参加者はこの学校の生徒に偏りがあるのも事実であり，他の若者にひろげる方法を模索する必要があろう。

　第4は，会員登録者数は900名を超えているが，実態はそれを下回っているのは確実である点である。端的な例は，卒業した介護福祉学校の生徒会員である。学生達は，卒業して栗山町から離れた地域で活躍しているのだが，そうした学

生が会員として登録されたままというケースが少なくない。また，部分的には機関誌『くりやまプレス』などで紹介はされているが，参加者の実態把握は充分になされているわけではない。

　第5は，NPO法人コミュニティネットワークの財政の問題である。すでに述べたように，町からの財政支援の見直しにより，クリン事業への財政支援は縮小の方向にある。したがって，法人が主体になってコミュニティビジネスに取り組んだり，ファンドを募るなど多面的な活動が求められよう。

　第6は，財政問題とも関連するが，事務局の人材確保の問題である。本職をもつ理事体制の中で，事実上のクリン事業の管理やコーディネーターの集約など，事務局がもつ役割はきわめて大きい。これまでも良い人材を得てきたが，ある程度の期間，安定して業務遂行する人材を得るのは難しいのが現実である。財政問題と関連させて組織を強化することが求められる。

③　くらしのネットワークから産業ネットワークの形成へ

　地域が持続しうる活力をもつには，市民生活の場面において市民の潜在能力を引き出すことと同時に，そうした個々の能力を尊重しながら，それぞれのコアコンピタンスを結びつけ，水平的に組織していくことが求められる。とくに，農山村地域を抱える地域ではそうした組織化が地域の活性化にとってきわめて重要となる。組織化にはコーディネーターが不可欠であるが，組織化に際して2つの側面からコーディネートを考えることが重要である。1つは地域の経済部門の組織化であり，もう1つはコミュニティの諸能力の組織化である。前者に関しては，企業間・産業間ネットワークをコーディネートする役割と，それらをコミュニティとをコーディネートする役割が必要である。そして後者も同様に，企業間・産業間ネットワークへとコーディネートしていく役割が求められ，両者を結びつけて地域の総合的発展に導いていくのが社会的起業家（市民起業家）である。これに自治体，経済団体や福祉の団体，大学や研究機関などが支援するという構図が地域の活力の維持・向上の概念図となる。

　これまで述べてきた栗山町におけるクリンを通じた市民の相互扶助＝コミュニティの再生は，こうした概念図の後者にあたるといえる。つまり，クリンを

通じてコミュニティを再生させ，市民が生き甲斐をもっていきいきと生活できるそうした能力を引き出す活動といえる。そのように考えるなら，栗山町が今後，ハイブリッド化した総合的発展をたどるには，前者つまり経済活動における企業間・産業間ネットワークの形成と，それをクリンのようなコミュニティ再生の活動とを結びつけ組織することが重要なポイントとなろう。こうした活動の詳細については別の論考を必要とするが，栗山町ではコミュニティ再生の活動が先行し，経済的ネットワーキングが立ち遅れているのが現状であると考えられる。もちろん，経済的なネットワーキングの芽はある。たとえば，栗山町では地域営農システムを確立させるためくりやま農業振興事務所をつくり，さらに農地流動化事業を展開するため2004年にはくりやま農業振興公社へと発展させている。この公社は，いわば農業生産や農地利用を効率化させるためのコーディネートの役割を果たす組織といえる。コーディネートの結果生まれた㈲粒里（8戸の農家，96.1ha）は8戸の農家の農産物を集約して作付けしたり，機械や施設を合理的に共同利用したりすることによって，農業生産の効率化と所得の安定を生みつつある。こうした経済領域におけるネットワーキングを他の産業分野にもひろげ，コミュニティの再生と結びつける地域戦略にこそ栗山町の地域活性化の未来があると考えられるのである。

2　地域づくりのネットワーク
——協働の地域づくり・白老——

1　成長志向と地域経済・財政のゆきづまり

　明治以来そして戦後，地域の開発あるいは地域づくりの主体は中央政府と考えられ，内務省や自治省の権限を軸に，地域（地方）に対しては中央集権的な行政が行われてきた。しかし20世紀の末頃から，地方分権の流れの中で，実態的にも地域づくりの主体として行政・議会と住民との協働が求められるようになってきた。周知のように，戦後の日本の地域開発・地域づくりでは，全国総合開発計画（全総）が中心に位置し，国の全総が上位計画として下位計画たる地方自治体の総合開発計画を規定し，それに基づいてそれぞれの地域の計画が決

定・実施する仕組みであった。その仕組みが第一〜第五次全国総合開発計画まで40年間続き，法律そのものも2005年には国土総合開発法が国土計画形成法となった。そしてそうした法改正と平行して，地域レベルで自立をめざしてさまざまな地域づくりの試みが始まっている。そうした試みの重要なものの1つが，ネットワーキングによる地域経済と人々の暮らしのコーディネートによる地域の質的発展策である。そうした自立をめざす試みは地域経済や人々の暮らしにとどまらず，地域の将来を見据えた地域の計画や自治体の運営にまでひろがっている。とりわけ，市町村レベルでは行政・議会と住民の協働によって計画や運営を実行する試みが一部では始まっている。本節で述べる白老町における住民自治の仕組み，住民との協働による町の総合計画づくりはそうした試みの事例といえる。

　白老町は，幕末に仙台藩が陣屋を設置したことに端を発し，大正時代は人口約4,000人の白老村であり，戦後（1954年）町制が敷かれた町である。東側は苫小牧市に隣接し，西側は登別市，室蘭市に隣接し，北海道内では最も温暖な地域で積雪も少ない気候である。人口も1984年に約2万5,000人を記録するなど増加していた。その後は漸減に転じ，2005年国勢調査人口は2万748人となっている。2008年3月の住民基本台帳人口が2万354人，ここ数年間は年間300人程度の人口減となっているから，現状のまま推移すれば，人口が2万人以下になるのは時間の問題ともいえる。高齢化も急速に進みつつあり，2008年の高齢化率は30％を超えた。

　日本製紙㈱白老工場（元大昭和製紙）や旭化成建材㈱のような大企業の工場もあって，道内の町村では比較的産業基盤があるといってよい。表6-4にみられるように，製造業出荷額約623億円（うち，約60％は紙・パルプ）は北海道の町村部でトップである。しかし製造業雇用の減少や高齢化の急進展，さらには行政と住民の疎遠な関係と形式は変わらず，数字だけを変えたようないわば横並びの総合計画書により，町の将来についての疑問を共有せざるをえなかった。1959年，大昭和製紙白老工場が立地し，翌年から一部操業を開始している。もう1つの大手工場は旭化成の100％出資子会社の旭化成建材㈱白老工場である。こうした工場の存在と室蘭―苫小牧に挟まれた地理的位置によって，1964年に

表6-4　白老町の概況

人口（人）	1960年 1984年[1)] 2007年	14,173 24,560 20,616
産業別[2)] 就業者比率 （％）	第一次産業 第二次産業 第三次産業	7.5 31.7 60.2
農業算出額[3)]（億円） うち畜産		46.7 46.2
漁業算出額[3)]（億円）		30.8
製造品出荷額[3)]（億円） うち紙・パルプ		623.4 378.9

注：1) 最高時の人口
　　2) 2005年
　　3) 2006年

は道央新産業都市に指定され，工業都市としての成長をめざした。大昭和製紙の社名と結びついたスポーツチームの全国での活躍は，白老町の名前を全国に売り出し，さながら大昭和城下町の様相を見せていた。しかしその後，パルプ業界の構造不況や大昭和製紙内部の問題により，2001年には日本製紙と事業統合して日本製紙白老工場となった。そして，一時は1,000〜1,100億円を記録した製造品出荷額は減少傾向を示し，1,000人を超えた従業員は，2008年4月にはわずか244人となってしまい，地域の雇用への影響も微々たるものとなった。

　産業構造転換に対応して，白老町は，夢をもう一度とばかりに新たな企業誘致策を進めた。それが，1989年に造成が開始された石山工業団地である。そして，1990〜2001年にかけて白老港の整備が進められた。しかし結果は，現在でも半数に満たない分譲率にとどまり，しかも立地している工場も，かつてのようにインパクトのあるものとはなっていない。また，工場立地が進まないために，整備を進めた白老港の利用率は低い。明らかに産業政策は失敗であり，その結果，白老町の財政状況はきわめて深刻なものとなっている。総務省が，2007年12月に地方財政健全化法による基準値を公表したが，2008年度決算における連結赤字比率40％以上が再生団体になるという。これを2006年度決算に基づいて単純試算してみると42.6％となり，夕張市，赤平市，山口県秋芳町に続いて全国で4番目に赤字比率が高いのである（数字は『日経グローカル』NO.105による）。2008年度も放置すれば，40％台後半に悪化するとの見方がある。行政のスリム化を行い公立病院特例債が認められても，再生団体の次のランクにあたる「健全化団体入りの可能性は高い[11)]」といわれている。

② 協働の地域づくり──第四次白老町総合計画づくり──

　これまでは，地域の総合計画づくりといえば，全国総合開発計画（全総）を頂点とし，各県や市町村の総合計画にいたる中央集権的な総合計画づくりといっ

た仕組みのために，地域の住民はその計画づくりの主体と考えられ実践されたことはなかった。住民も「プロ」としての自治体職員が計画づくりするものだとの意識も強かった。自治体は，調査専門機関（コンサルタントなど）に委託し，その報告書を基にアレンジして『〇〇町総合計画』という名の冊子を作成するのが一般的であった。しかしそうした計画書は，その中にある当該地域のハードなハコもの整備計画だけが目的で，報告書全体は単なる作文にとどまる場合が多かったのである。したがって，住民の生活の質や社会的関係資本の向上に必ずしもつながらなかったのである。第四次白老町総合計画は，住民自治への意識の向上と住民との信頼関係を背景に，「限られた財源を地域で有効利用，町の計画は自分たちの手で」を合い言葉に実践した，行政・議会と住民との協働による総合計画づくりである。

　第四次白老町総合計画の策定作業の準備が始まったのは2001年末である。2002年3月に総合計画策定の審議会委員の公募に踏み切り，公募委員17名，団体推薦委員33名，合計50名の委員を決定し，関連する各課・係から45名の策定プロジェクトチームを加えて，合計100名近い策定組織がつくられ，同年7月に第1回審議会が始まった。これまで自治体では総合計画づくりの審議会は行政幹部，地域の主要団体幹部，外部専門家で占められ，審議も形式的なものにとどまることが多かったのに対して，一般公募委員を委員として入れ，ワークショップなどの方法を駆使して，現に地域で生活している住民の「最大多数の最大満足」が得られる内容にしようとした意図は大変重要である。最初は行政からの情報提供を通してまちづくりに関する勉強会から始めたのであるが，こうした学習は委員間の情報格差を解消する上で重要であったし，この情報提供による学習を通じて，住民と行政の信頼関係も生まれ，「協働」の基盤が形成されたといっても過言ではないであろう。審議会は計画策定のために645項目のまちづくりの課題を出し合い，課題を整理し，項目ごとの目的を設定した。また，財政についても優先度を考慮し事業ごとの積み上げ方式で審議を進めたのである。全体の審議会が15回，策定委員会も19回開催されたこともさることながら，町民審議会，小委員会等約100回の議論が徹底して行われ，延べ1,600人が参加したのである。多様な層の計画についての認識を深めるため，子ども，

勤め人，女性，3地区のワークショップを計6回行い300名が参加した。[12]住民満足度を計るため2003年には1,500世帯への意識調査（回答数は約500）も行った。2003年12月に計画案を公表し，議会からの意見を調整した上で04年4月に最終案をまとめたが，この段階でほぼ最終案ができ上がったといえる。その後，3地区への説明会，各団体への意向調査を行い，同年9月に議決されて第四次白老町総合計画「新生しらおい21プラン」が決定された。計画は，8年の基本構想と前期（4年）の実行計画と後期の展望計画（見直しにより，後期実行計画という名に変更）で構成され，62政策，235施策，1,087事業が盛り込まれた計画で，検討を始めて足かけ3年がかりであった。地域の各層・地区への浸透，徹底したボトムアップの方法により，住民と行政が課題を共有し信頼関係を生むと同時に，町民の側でもまちづくりに主体的にかかわる意識が醸成され，文字通りの住民と行政の協働作業としての総合計画づくりであり，行政と住民そして住民諸階層間のネットワークである。

③　住民自治の白老方式——CI推進と町民まちづくり活動センターの意義——

　こうした総合計画づくりはある意味では両刃の剣でもある。全国的には，これまでにも一般町民の参加した総合計画づくりの試みはなかったわけではない。しかし，行政が情報を十分に提供しなかったり，異論を含めた自由な議論ができない雰囲気があったり，また肝心の町民に自治への成熟度が十分でなかったりすると，結局は建前は住民参加，実質は行政主導の計画づくりで終わってしまうことになりかねない。白老町において，文字通り住民と行政の協働の総合計画づくりとして進みつつあると評価できるのは，行政と町民が築いてきた白老町独自の住民自治のシステムづくりとその中で培われてきた両者の信頼関係である。

　白老町の協働のまちづくりは1988年にさかのぼる。第二次白老町総合計画において，元気まち運動という名でCI（コミュニティ・アイデンティティ）を推進し始めたのが最初である。総合計画に町のイメージアップを反映させようという目的のためである。その提起以降，町のコミュニケーションマーク・地域づくりのスローガン・町のロゴタイプを町民投票で決定するなどCI活動の形を

整え，その推進を図っていったが，その具体化の1つとして，1994年に「元気まちアクションプラン」を策定している。その内容には，第1に行政と住民は協働してまちづくりを行うこと，第2に住民自治のためには行政の縦割り組織を横断的組織に変えること，第3に役場職員の能力を発揮しやすい環境をつくること（慣例になっていた女性職員のお茶くみを廃止し，業務で能力を発揮させる環境にする等）等が盛り込まれた。アクションプランに基づいて進められているのが白老町独特の「元気まち研修会」と「元気まち100人会議」である。

「元気まち研修会」は，住民生活にかかわる地域課題を町民と町職員が解決し振興させるために，協働して対話・研究・提案をする活動であり，次の手順で行っている。公募で参加者を募る → 専門家による講演会等を通してテーマ認識・課題発見 → 統計の整理や調査ヒアリングを通して課題を整理 → 比較考察するため，当該問題の先進地の視察 → 視察後の発表会で幅広い意見を収集 → 解決方法・政策化の検討 → 行政との検討・調整 → 提言書の作成。具体的には，公共施設への住民参加の仕組みの検討，協働のまちづくりを進めるために，他地域のまちづくり基本条例の視察，公民館建て替えに際して，新築された公民館での運営方法や利用者の協力費……。視察先も道内外多地域にわたっている。1つの研修会の参加者は10～20名程度で，報告会には数十～100名程度の町民と職員が参加している。

「元気まち100人会議」は，1996年4月に設立された。文字通り，一般公募によって町民100人（個人でもグループでも可）で組織される，まちづくりに関して相互に自由な議論ができる場である。[13] テーマ，運営方法，学習方法などすべて参加者によって決められ，運営に関して行政からの財政補助も一部あるが，参加者は無報酬で，町職員は事務局的なサポートに徹することになっている。この会議では議論だけでなく，町への提案をしたり，自ら問題解決のために実践もする。1996年4月～1997年12月が第一次元気まち100人会議，第二次が1998年8月～2000年3月……となっている。この100人の任期は2年であるが，再任を妨げない規約となっており，それぞれ約2年の任期終了時には，町に報告書を提出することになっている。具体的な提案は，道道整備にともなうインフラ整備，白老町のブランド開発，文化財保護の提案，里親制度の拡充，割り箸

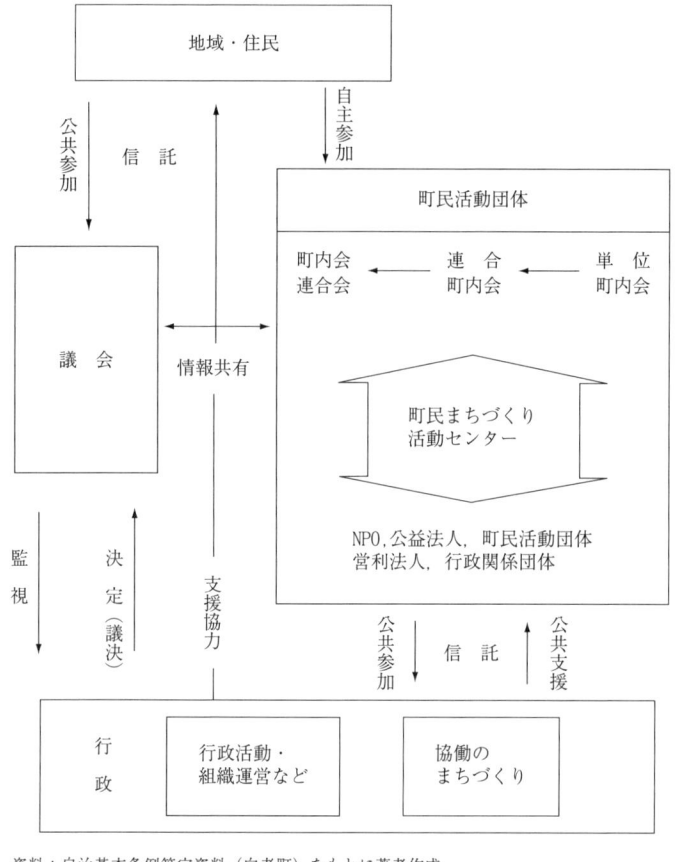

図6-2　白老町の自治のシステム（白老方式）

```
                    地域・住民
         公共参加  ↓  ↑信託   ↓自主参加
                              ┌─────────────────────────────┐
                              │       町民活動団体            │
                              │                             │
          議　会    ←情報共有→│ 町内会連合会 ←連合町内会← 単位町内会│
                              │                             │
                              │      町民まちづくり           │
                              │       活動センター            │
                              │                             │
                              │ NPO,公益法人,町民活動団体      │
                              │ 営利法人,行政関係団体         │
                              └─────────────────────────────┘
      監視↓ ↑決定（議決）   ↓支援協力    公共参加↓ ↑信託  ↑公共支援
                    ┌──────────┐  ┌──────────┐
          行　政    │行政活動・ │  │協働の    │
                    │組織運営など│  │まちづくり │
                    └──────────┘  └──────────┘
```

資料：自治基本条例策定資料（白老町）をもとに著者作成

リサイクル運動の推進，介護者の休日等（第一次元気まち100人会議の提案—16項目）という内容である。

　こうした住民と行政の協働の活動が可能になった背景には，白老方式といわれる独特の住民自治の仕組みがある。図6-2は白老町の自治の仕組みを示したものである。この図は，通常地縁団体と呼ばれる町内会組織と，それが行政との協働の中でどのような位置を占めているかを示している。図中の町民活動団体をみていただきたい。白老町には，地縁団体として109の単位町内会とそ

れが地域的にいくつかまとまったものとして19の連合町内会があり，それが白老町の町内会連合会（1979年につくられた町内会連絡協議会を1994年に町内会連合会と改称）となっている。他方で，NPO法人，公益法人，営利法人，町民活動団体，行政にかかわる団体など分野別活動団体がある。白老町ではこうした団体を志縁団体と呼んでいる。日本の多くの地域では，この両者は別々の活動として展開されているのが通常であるが，白老方式の特徴の1つは，この両者の活動のネットワークの中枢組織として2003年に「町民まちづくり活動センター」を設置したことである。事務所は町内会連合会の事務所と併置されている。つまり同センターは，地縁団体（町内会）と志縁団体（分野別団体）とを連携させて，まちづくり活動，福祉活動，環境活動，産業活動などを協働して行うことが目的なのである。総合計画づくりや学習・提案・実践活動を可能にしたのは，同じ町民であっても個別利害関係や階層的相違がある中で，少しでも共通のまちづくり目標に向かってネットワーキングする基盤が並行して進んでいたからである。

　特徴の第2は次の点である。図の中の町民活動団体と議会・行政との関係を見ていただきたい。この中で注目されるのは，通常の行政遂行にとって立法機関たる議会が何よりも向き合う対象であるが，この図は，行政が議会と住民活動団体の双方に向き合っていることである。議会との関係では，決定（議決）—監視の関係，住民活動団体とは，信託に基づいた相互の公共支援の関係であることが示されている。2002年からは町民による外部行政評価委員会もつくられ，町民から見た町政評価も始まっている。

　このように，白老町では行政・議会と町民（地縁団体と志縁団体とのネットワーク）が車の両輪となって行政サービスの質的向上を図るだけでなく，新しいタイプの住民自治システムを築き，地域づくりの基盤となっている[14]。そしてそれを基盤にしながら総合計画づくりや自治体の政策づくりの一環としての活動が成り立っている。これらの活動に共通するキーワードがネットワークに基づく「協働」である。

4 協働のまちづくりと地域振興のネットワーク

　また，財政危機と「自然との共生」という町政テーマから，RDF（ゴミ固形燃料）事業に代わって白老方式と呼ばれるゴミ再利用方式が完成しつつある。日本製紙白老工場内に町営のバイオマス燃料化施設を建設し，町内の可燃ゴミを収集してこの施設に運び，日本製紙は生産工程から出る木くずと原料輸送に使ったプラスチック袋をこのゴミ燃料に混ぜて燃料を製造し，その燃料をボイラー用燃料として日本製紙に販売するというプロジェクトである。施設は2009年4月から稼働予定であり，RDFが事故，燃焼効率技術，販売先などの問題からなかなか普及しない中で，この方式だと有毒ガスを出さず，燃焼効率が向上し，日本製紙にとっても燃料代が安価となり，ゴミのリサイクル率は90％以上となる画期的な事業となる可能性が期待されている（『北海道新聞』2008年5月11日付）。確かに地域外から立地した企業と地域とがどのような関係を保つべきかという問題に単純な解決策を見いだすことはできない。経済的に大きな影響力をもつ大企業の場合はとくにそうである。しかし，ここに見られるように，地域に立地している大工場と地域の利益とをうまくコーディネートすることによって画期的な事業を成立させようとしていることも地域のネットワークの1つの成果であろう。

　白老町は比較的全国に知られた次のような地域資源をもっている。白老は黒毛和牛の産地として知られており，毎年6月には白老川河畔で白老和牛まつりが行われている。この和牛は1954年に島根県より黒毛和種肉牛を導入したときから産地形成を図ってきた成果である。ポロト湖畔にはアイヌ民族博物館とポロトコタン（ポロト湖周辺のアイヌ文化とアウトドアの一大拠点）があり，アイヌ文化の調査研究・交流拠点ともなっている。登別市に隣接する虎杖浜は小規模な海産干物の加工工場が立地しているが，ここのタラコは'虎杖浜たらこ'という名で地域商標登録されている（2007年8月）。

　CI運動が提起された年に，白老町は「歴史と文化のまち」宣言を行っている。そうした宣言を受けて，2000年に，しらおい創造空間「蔵」がオープンした。農協が倉庫として利用していた古い石倉を，市民が自主管理しながら自由な活

動施設にできないか，という要望を受けて，「地域創造アトリエ整備事業」として改修したものである。内装に4,000万円のコストがかかったが，北海道から2,000万円の補助金もあり，2002年にNPO法人格を取得して活動が始まった。パーティー・コンサート・ライブ等のイベントの開催や練習の場，各種セミナー，講習会，展示会，交流事業などこれも各団体とのネットワーク構築の一環となっている。

　また，JR白老駅のキヨスク売店跡を利用しての観光案内や物産販売などがボランティアの手で行われている。これは2003年4月から始まった「ふれあいステーション・フレンズ」という店舗である。運営主体は白老消費者協会（白老消費者フレンズ）である。月1回の駅市を開催するなどの活動も行っている。

　住民と行政の協働の活動の中から生まれてきた活動にNPO法人「お助けネット」（2004年設立）がある。その設立の10年前から子育てサークルとして活動してきたが，住民と行政の協働の活動が進む中で，子育てという公共の課題を解決するためにNPOとして立ち上げたものである。幼稚園や保育所のお迎えが終わった後，託児の必要に応じて，託児を引き受ける事業である。こうした事業も，住民と行政の協働の活動を通じて課題意識が深まり，法人化にいたった事例である。

　2007年には白老町自治基本条例が制定された。この条例は条例制定に向けて企画案が作成された2005年春から準備が始まっている。総合計画づくりや自治体の政策づくりの一環としての活動と同様に，条例検討メンバーを公募し，そこで募集に応じた町民の町民検討部会，議会検討部会，行政検討部会の3つの部会を設置し，条例の目的・役割・内容・活用や先行して実施している自治体の比較や内容検討といった学習を行い，専門家や一般町民の意見等を経て制定されたものである。

　白老町は，町長は1期しかもたない土地柄だといわれる。実際，さまざまな問題に絡んで政争が絶えなかった地域でもある。しかし，1988年のCI運動の提起以降の動きを見ていくと，そうした政治とは相対的に離れた人々のコミュニティでは，着実に協働の営みは進んでいたことがわかる。行政・議会と住民，町の経済を支える営利企業やNPO法人の活動，これらがお互いの利益の最大

公約点を見いだしながら自治と自立の力を高めていくことが求められている。そのポイントはネットワークに基づく協働であろう。

1） 町史編纂委員会『栗山町史第2巻』（栗山町，1991年）716頁。
2） http://www.cc-pr.net/list/
3） 「都市問題」97巻7号（2006年），所収の堀田力，泉留維論文および『日経グローカル』若杉敏也・宮本正也「百花繚乱の地域通貨」（編集部）などを参考に作成したものである。
4） 鹿野嘉昭「地域通貨で経済活性化は可能か」前掲3）「都市問題」74頁。
5） 栗山町でのヒアリングで聞いた話であるが，こうしたシステムはかつてのてまがえ（手間替え）に類似したものだと理解されているようである。手間替えとは，農繁期に労働力を相互に交換する仕組みのことであり，「結」とも似たシステムである。これについては，加藤敏春＋くりやまエコマネー研究会編著『あたたかいお金「エコマネー」──Q＆Aでわかるエコマネーの使い方』（日本教文社，2001年），大坂祐二「栗山町におけるコミュニティ形成と地域通貨「クリン」の課題」市立名寄大学・道北地域研究所『地域と住民』22号（2004年）にもそうした叙述がある。
6） 栗山町社会福祉協議会『やさしさ事典　くりやまプレス総集編』（2005年）105頁。
7） 『クリン』VOL 2（2003年）5頁。
8） 『クリン』春（2003年）7頁。
9） 加藤敏春『エコマネーの新世紀「進化」する21世紀の経済と社会』（勁草書房，2001年）はじめに。
10） 日経産業消費研究所編「日経グローカル」NO.19，1．3号（2005年）の記事「百花繚乱の地域通貨」では，17名の専門家が注目している地域通貨を最大10まで選択しているが，そのうち9名がクリンをあげている。
11） 『日本経済新聞』（2007年12月8日付）。
12） 子ども絵画展を開いて子どもたちの地域への関心を醸成したり，町内グループ見学会を行って多様な層，団体への認識を深めたりしている。なお，3地区とは，苫小牧市に接する東側の社台・白老・森野地区，登別市に接する西側の竹浦・飛生・虎杖浜である。
13） 100人会議という名称であるが，現実にはそれを超えていない。第一次が76人，第二次が54人……という参加状況である。
14） 現在，こうしたまちづくり活動センターに類似した組織は全国で数多く見受けられるようになっている。たとえば，札幌市では2003年の「さっぽろ元気ビジョン」に基づくさっぽろ元気プランが策定され，その3本柱の1つに，市民自治推進プランが掲げられている。すなわち，まちづくりやさまざまなNP活動という多様な市民活動の推進のために，それまであった連絡所と出張所87ヶ所をまちづくりセンターに再編し，まちづくり活動の拠点にしようとすることも，それにあたるであろう。しかし，大都市と小都

市・農村部でのセンターのあり方は異なるし，町内会活動と行政との関係も未整理である。本節では，白老方式の住民自治の積極面について評価した。

第7章
イタリア南部政策の新しいパラダイム
――地域主体のネットワーク型地域づくりへ――

はじめに

　イタリア南部開発は，1950年国家によって設立された Cassa per il Mezzogiorno（南部開発公庫。以下，公庫と略記）という機関を中心に進められ，それは，先進国内の発展途上地域と先進地域との格差是正を目標にしていた。しかし予想していた効果を生まないまま40年あまりでその役割を終えた。北海道も，北海道開発庁・北海道開発局という国の機関を中心に開発が進められてきた。両者とも，インフラ整備などの点では少なからぬ効果を発揮したが，画一的な中央集権的開発方法により，地域に中央依存経済体質をつくってしまい，ハードに偏った開発等の批判を生んだ。しかし，地域開発政策においてハードをイメージする「開発」という用語が計画書から消え，政策の基調も，地域づくりにおける中央集権から地方分権へと変化しつつあり，地域格差是正から地域の自立に重点が移り，北海道開発のあり方も大きく転換しつつある。

　イタリア南部や北海道はイタリアおよび日本の中では「周辺」といわれてきた地域である。イタリア南部や北海道は歴史や風土的条件など多くの点で相違するが，両地域とも農業開発，重化学工業を軸にした大規模工業開発など，中央政府主体の開発政策が進められてきた点で共通した面がある。両地域とも，理念としていた地域格差是正はハード面での成果は少なくないが，さまざまな経済指標をみても，格差が是正されたと結論づけるのは困難である。そして21世紀初頭の現在，新しい理念と手法で地域発展＝地域づくりの試みが進んでいる。この点では，北海道以上に地域問題を多く抱えていたイタリア南部の方が先駆けて試みをしているように思われる。それは，EU地域政策の手法に包摂され

た'外圧'によって進められたといってよい。その特徴は，①産業政策にかかわる権限が国から州政府に委譲された中で，地方が計画し実施する地方主体の地域政策であること，②州政府が柱となり，県やコムーネ（市町村）との連携によって進めようとしていること，その中で，③地域の民間の諸組織と連携して協定や契約を結び，いわば「地域づくり会社」というべき組織が柔軟にコーディネート役を果たし，経済振興にとどまらない総合的な地域づくりを進めつつある。本章では，こうして進められつつある新しいタイプのイタリア南部の地域づくりの動向を述べることにしよう。

1 イタリア南部政策の転換

1 公庫による南部政策略史

イタリア南部とは，イタリア20州のうちローマより南に位置する8州をさしている（図7-1参照）。8州の中でも中部に近いAbruzzo（アブルッツォ）州やMolise（モリーゼ）州は，近年中部の産地システム（第1章参照）を取り入れて産業的には発展の途をたどっており，他の5州とも自然・社会環境も異なる。しかし，行政的にはこの8州を対象にこれまで南部政策が進められてきたのである。この8州は面積も全国土の約40％を占め，人口も2,000万人近くを数える。ローマより南に進むと，途端に禿げ山が増える。故竹内啓一氏は，古代ローマ時代のガレー船の建造に要した木材量と伐採して禿げ山となった木材量とが一致している，という。つまり，イタリア南部は深い山と緑に囲まれる，という自然環境とはほど遠い環境にある。そして，長靴の先にあたるカラブリア州は山が深く，羊飼いのみが知る山道しかない環境にあり，この地域はイタリア20州の中でも最貧困地帯である。南部は中部と異なり，土地制度も1970年にいたるまでラティフンディウムと呼ばれる大土地所有制度を特徴としていた。この制度が解消するのは1970年代に入ってからである。大土地所有制度の残存のために，南部では産業投資になかなか振り向けられなかったのである。1861年に国家的統一が果たされるが，その後の工業発展の軸足は北部の工業三角地帯に

第7章　イタリア南部政策の新しいパラダイム

図7-1　イタリアの州・主要都市

移り，南部では，自由貿易政策下で，伸びようとしていた近代工業の芽はつみ取られてしまった。また，こうした近代工業未発展の中で，クリエンティスモと呼ばれる家族関係とコネによる社会関係が一般的となっている。愛郷精神は大変強く，それは中部や北部を上回るほどである。地域外からのものに対しては，一種のシニシズム（万事を冷笑的にみる態度）の傾向があり，こうした地域の状況は近代工業を支える合理的精神とはかけ離れたままであった。

　第二次大戦の敗戦後，南部の悲惨な社会状況がイタリア全国に知られるよう

になり，国民的統一を強固にするためには，北部と南部の地域格差の是正が重要な課題と考えられるようになった。それは，当時の左派の強い政治状況下で左派（とくにイタリア共産党）に主導権を渡さないための譲歩策と密接に結びついていた。南部政策を進めたのは南部主義者と呼ばれたリベラル派であったが，南部政策に対しては左派勢力あるいはケインズ主義的な人々も支持した。南部地域自体は前工業社会の様相をもっていたが，そうした社会構造の枠組みを保持したまま，公共事業による国家の特別助成政策が始まったのである。いわゆる Intervento Straordinario（特別助成政策）である。この政策は1950年の法646号によって始められた。これを受けて，南部対策を進めるための資金が南部開発公庫という政府出資の機関を通じて支出されることになった。南部開発公庫は，以後40年間にわたって南部政策の中心的機関として存在した。[1]

当初の計画では，公庫を軸とするこれほどの長期にわたる助成政策は想定されていなかった。1950年当時，公庫が主体となった南部開発事業は10年計画であった。この最初の基金が1兆リラであり，最初は農業の近代化と発展条件のための農業改革であった。この改革のプログラムは1952年に10年計画から12年計画に延びたが，このことが以後40年間にわたる公庫存続のやり方となった。1965～1975年の10年事業の資金分割ができるように1965年に法717号が決められた。こうした特別法を次々に制定して事業を延ばすことが続けられ，1975年に終了するはずの事業もさらに9年延長（資金は120兆リラ）して行えるように1984年に法64号も制定された。このように，当初10年で南部発展の基礎条件整備を果たすというプログラムが40年間続いてきたのである。

公庫を中心とする特別助成政策は通常，次の4段階に分けられているので，それに沿ってそれぞれの段階の特徴についてコメントしておくことにしよう。

第1段階は1950～1957年である。この時期は農業生産のための灌漑やインフラ整備に重点がおかれた。また，南部開発のさまざまな機関が整備され，それぞれの責任と権限が組織的に整備された。公庫は単年度ごとの基金運営でないため，それまでのイタリアの公行政とは異なった斬新さをもっていたのである。

第2段階は1957～1960年代半ばである。この段階は産業の重点も農業から工業へと移りつつある時期である。開発方法も日本の高度成長期の拠点開発方式

に類似した開発方式であった。国有企業へは，新規投資の60％は南部へ向けること，投資総額の40％は南部へ振り向けること，開発地域に立地した企業には初期投資の20％の直接補助，南部に投資を計画した企業には利子率を補助する，などが義務づけられた。ここにいう開発地域とは，ASI（工業発展地域）とNI（産業化中核地域）のことであるが，日本と違い，補助対象となる新規工場立地は必ずしも多くはなかった。

　第3段階は1960年代半ば～1970年代半ばである。世界的な高度成長を受けて，南部にも公共事業より工業投資の方が大きな割合を占めるようになった。1965年の法717号は，特別助成政策を大規模プロジェクト方式に戦略的に転換した。すなわち，公庫の基金を通常行政の付加的性格をもつものから主たる開発主体にしたのである。1971年には，法853号によってCIPE（経済計画閣僚会議）がつくられ，大企業による投資のインセンティブを与えることが決められた。また，法853号は，州内外にわたる大規模プロジェクトのインフラ整備に重点がおかれるようにした。また，それに対応して，1976年の法183号，1977年の法675号は南部に投資する企業の財政免除措置（新規雇用の社会保障費の10年間免除）をとった。しかし，公庫のこうした戦略的展開は順調に進んだわけでもない。工業投資もミラノなどのイタリア北部やイタリア以外のヨーロッパに本社をもつ企業の分工場などの立地が多く，これらは高度成長の終焉と産業構造調整とともに資本を引き上げることになった。また，社会構造的にも，人的資源の未利用性や企業立地を妨げる犯罪組織などの要因も南部開発が順調に進まなかった要因としてあげられる。第2段階と第3段階をあわせて，工業投資の段階として時期区分する場合もある。

　第4段階は第3段階以降（1970年代半ば）～1992年までである。1980年代には国家政策としての南部対策に限界が見え始め，経済構造調整を進めざるをえなくなった。中小企業を中心にネットワーク生産とイタリアブランドで良好な輸出攻勢をかけていた中部の産地（いわゆる第3のイタリア）を尻目に，失業率も顕著な改善がみられず，工業インセンティブも失われ，南部経済の中央政府への依存は改善されなかった。1980年代には公庫の解体に着手したが，最終的に公庫による国の助成政策が終了したのは1992年である。

しかし，この時期の南部開発政策の権限の委譲をめぐる問題は，公庫以降の南部開発を考える上で，公庫以降の新たな地域政策の萌芽として重要な期間でもあった。それは1970年以降，すでに憲法で約束されていた州制度の創設と権限委譲の問題である。実態は中央集権であったが，法的には1976年に国から州への権限委譲が行われ，州は特別助成の政策手段の責任と権限を得ることになった。州は産業への金融的補助の権限，州間のプロジェクトの実行責任をもち，プロジェクトへの監督権限をもった。公庫は州のプロジェクトに対して，技術的コンサルタントを基本的役割とすることになった。先の CIPE は州の評議会と協議し，州の介入の仕方を調整する役割に限定された。

　1984年に大統領布告が公庫の終焉を宣言した。それに対応して，1986年の法64号は公庫以後の地域政策の枠組みを導入しようとした試みを含んでいる。法64号は，政府や制度の多面性を調整する方法を規定したものであった。地域政策の主体は国家であるという原理が終焉を迎えた。公庫は，大臣官房に地域開発プロジェクトの財政評価をする南部局と南部開発推進の南部開発庁の2つの組織に改組された。そして1992年を迎えたのである。

2　EU 地域政策と公庫廃止後の南部政策

1　EU の構造基金の活用へ

　南部開発公庫による南部対策は1992年で終了し，その後，1998年頃までの南部政策は混迷の時期が続いた。それまでイタリアは，ヨーロッパの中でも独特ともいえる地域政策を40年にもわたって進めてきたのであるが，その政策の枠組みは中央政府によるさまざまな補助金等によって進められてきた。この時期は中央政府の南部政策後，いかにして EU レベルの地域政策に適応していったのかという時期である。南部問題という先進国としてはきわめて大きな地域間格差を抱えていた国であったため，南部政策の終焉を見越して，本来ならば，EU レベルの地域政策に敏感であるはずであるが，逆にそうした意識が弱く，EU 構造基金の利用や地域戦略に立ち後れたのである。また，中央政府による一元的な地域政策が長期間にわたったために，国益と地域の利益に関する意識が行政レベルでも南部の経済人や一般市民にも弱かったのである。2000年にい

たるまで，イタリア政府は地域政策にかかわる EU 諸国との協議に参加しなかったのであるが，それには次のような理由があった。

第 1 に，EU に関するイタリア国内諸制度の調整が欠如していたことである。

第 2 に，公庫の廃止によって，それまで一元的であった南部関係の機関は各省庁に権限委譲が進んだ2000年以降も，中央政府に財政権限が保持されていることもあって分割され，相互の調整も不十分なままであったことである。地域政策にかかわる専門知識をもった官僚も直ちには EU に適応できなかったのである。地域政策にかかわる官僚の能力の再建は1996～1998年になってからであった。

第 3 に，構造基金に関する政治的意志が中央―地方（州）の双方に欠けていた点である。しかしその後，以前から外務省がもっていた EU での強いアプローチが進み，高度な専門家グループも形成されるようになり，国内の制度間の交渉が始まっていくことになった。中央政府と州政府との協議も頻繁に開催されたことにより，国益と地域の利益の同一性が認識され，EU 第Ⅲ期構造政策に南部の新たな開発を反映していくことになった。一部の南部諸州は第Ⅲ期構造政策の目的 1 からはずされかねない状況もあったが，地域の再定義，構造基金への積極的アプローチが功を奏し，第Ⅲ期構造政策では南部地域をほぼ目的 1 として位置づけられることになり，それが，後述する財政面から，地域主体のネットワーク地域政策の活動を支えることになったのである。[2]

1993年にマーストリヒト条約が発効して EC から EU に発展し，1995年には EU 加盟国は15ヶ国となり，1999年には単一通貨ユーロの導入など EU の統合が深化していく中で，イタリア南部開発も EU レベルで進められる方向が次第に強くなっていった。第Ⅱ期構造政策に続いて，EU は2000～2006年に第Ⅲ期構造政策を進めたが，これは EU の社会的・経済的結束にとってきわめて重要な政策と位置づけられているものである。異なった国々を地球上の単一の地域として統合していくことは短期間にできる事柄ではない。EU が 1 つの地域として統合に向かう政策として進めているのが結束政策（Cohesion Policy）であるが，その重点課題に据えられているのが EU 全体を 1 つの地域と見なし，その中の格差を解消していこうとするのが EU 構造政策である。

EU 構造基金の運用原則は，①集中性（最も必要とされている地域に優先的に配分する原則），②プログラム制（地域が数年にわたるプログラムを自ら作成し，それに基づいて予算を配分する原則），③パートナーシップ（ヨーロッパ委員会と中央政府や地方政府,公共部門と民間部門のパートナーシップ），④追加性の原則（基金は国の政策の代わりをするものではなく，国や地方政府の政策に追加するものであるという原則）があげられている。第Ⅲ期構造基金は7年間のプログラム期間に目的1（低発展地域の発展と構造調整の促進），目的2（構造的困難に直面している地域の経済的・社会的収斂の支援）,目的3（教育,職業訓練,雇用に関する政策・システムの調整および近代化への支援）に優先目標をおいている。イタリア南部への構造基金はすべてこの構造基金目的1に従って配分されているものである。イタリア南部への基金配分の仕組みは概略次のようにいうことができよう。特定の地域で国,州,県,コムーネと民間部門（この1つが後述する Patto Territoeiale―地域協定―である）が協力してプログラムを構想し具体化して EU 委員会に提出する。そのプログラムが認められると EU から構造基金が州政府に配分されるのである。

2　新しい地域開発手法の生成——PattoTerritoriale（地域協定）方式——

　1990年代のイタリア政治は，政策方向の異なる政府が交替しながら政権を担うことを特徴としていた。1991年に公庫の廃止を見越し，経済労働全国協議会において政府と労使の合意により地域協定（Patto Territoriale）が取り決められた。これについては，事例を含めて後述する。1996年には経済計画閣僚会議によって地域契約（Contratti D'area）が決議された。地域契約は中央政府,地方政府や自治体,経済団体,企業,労働組合などによって締結され，地方政府にはインフラの整備と行政事務の迅速化，南部に投資する企業には地域での一定の雇用を約束させ，税の優遇措置を保証し，労働組合は賃下げを含めた全国レベルの賃金水準に合意する，ことなどが決められた。それぞれの地域（南部諸州）でこうした合意に基づいて企業誘致などを行うというものである。地域契約はとくに危機が直接的な地域を対象にして行われている。プログラムに予定されない短期的危機にも対応するため，EU 構造基金より国や州の財政で対応する場

合が多い。しかし両者は現場では必ずしも制度的に明確な区別をしているわけではなく，地域経済振興という点で相補足しながら進めている。地域協定は全国的なものであるが，地域契約は南部諸州を対象にした計画である。また，地域協定も地域契約も外部からの企業誘致を進めたり，地域内の企業の移転や起業をコーディネートする組織といってよいが，Pattoの方がより民間の力に依拠し，柔軟な水平的ネットワークという性格が強い。とくにカンパーニア州などでは，地域協定は企業誘致や企業支援のコーディネートを行っているが，ネットワークの頂点に立つ組織ではない。

　これ以外にもPrograma Integrati Territoriali（PIT―地域統合プロジェクト）は南部全般にわたってあるが，カンパーニア州のように，地域協定とPITを重なり合わせて政策化している州もあれば，プーリア州のように，PITに重点をおいて開発を進めている地域もある。また，常設の機関ではないが，Progetti Integrati Attivita（PIA―統合推進プロジェクト）などの国による支援機関もあり，人材養成，インフラ，リサーチ，インセンティブなどの事業が行われている。

　ところで，上述したように，1992年までの公庫による南部政策は中央依存型のいわば「受け身」の地域政策であったといえる。それに対して，1992年以降はEU下の地域政策が求められるようになり，地域（州）の「能動」的地域政策が求められることになった。[3] EUの地域政策として南部政策を進めることは，地域特に構造基金の実際の受け皿としての州の行政能力，自治能力が問われることになる。法的には，1998年のバッサニーニ法によって，大規模工業とエネルギー以外の商工行政にかかわる権限を州に委譲することが規定された。そして2001年に州の権限が法文化された。もちろんその間に，国と地方との間で権限や財政の役割分担に関して対立する事態はあった。そして，州政府がEU地域政策の窓口としてスムーズに行政が進むようになったのは，第Ⅲ期構造政策が終わる2006年といわれる。いずれにせよ，制度的にも州への分権が進んだ現在にあっては，地方政府・コムーネや地域の経済団体・企業の自立的・主体的地域振興策が重要になっている。そうした新たな開発方式の1つが地域協定方式である。次節で，筆者が注目した地域協定の事例を紹介するが，その活動は第1に，公私混合のまちづくり会社という形をとりながら，民間が中心になっ

てフレキシブルなコーディネート活動を行っていること，第2に，サルノ川流域公園づくりに見られるように，単に経済的効果を求めるだけでなく，地域の文化そして地域の価値自体を見直していく事業として展開していること，第3に，この会社の専務が大学教授であったことに示されるように，産・官・学そしてEUとの複合的な連携に立ったものであること，これらの諸点が注目に値すると思われる。次節ではある地域協定の事例を取り上げ，そのまちづくり会社としての活動内容を紹介しよう。

2　ネットワーク方式の地域政策
―― Patto Territoriale（地域協定）の事例 ――

1　地域振興コーディネート組織としての Patto dell'Agro S.p.a.

　ノッチェーラ地域とサルノ地域はカンパーニア州に所在し，ナポリ県からサレルノ県にまたがるヴェスビオ火山の南東一体にひろがる地域をさす。Patto Territoriale per l'Occupazione dell'Agro Nocerino Sarnese（サルノ・ノッチェーラ地域農業関連雇用のための地域協定）はイタリア南部を中心にEU構造基金：目的1の支援を受けた89の地域協定の1つである。このPattoのコーディネート組織が「地方政府と経済・社会のリーダー間の参加と協同の推進を通じて開発と雇用の創造を目ざす」（Pattoのパンフレット）ことを目的に1998年7月に設立された，いわば地域づくりのための株式会社である。正式名称は，Patto dell'Agro S.p.a.（農産振興協定株式会社――S.p.a.はイタリア語で株式会社――，以下，Pattoの表記はこの会社の略称）。資本金は120万ユーロで76の団体・個人の株主をもつ。カンパーニアの州都ナポリから南東に30〜40kmにあるノッチェーラ・インフェリオーレ市の小高い丘の上に事務所がある。このPattoのエリアはサルノ川沿いの13市町村（面積170㎢，総人口約26.2万人／図7-2は12市町村を表示）である。13市町村のうち，ノッチェーラ・インフェリオーレ市とスカファーティ市が人口4万8,000人の都市であるが，他の町はそれ以下の小規模市町村である。ただ，この13市町村の人口密度は1,200以上できわめて高い。協定のパートナーはサレルノ県の協同組合部，信用金庫，労働組合，いくつか

第7章　イタリア南部政策の新しいパラダイム

のNPOである。サルノ地域は以前よりトマトソースを中心に農業―農産加工地域として知られており,当地域の代表的な基盤産業である。Pattoの代表者は実業界にいた人物で,その下でPattoのマネジメントを実質的に取り仕切っている専務のA・Vastola（バストーラ）氏は元サルノ大学教授で,5年前にこの会社に身を投じた。

　この会社は株式会社の組織形態をとっているが,いわばまちづくりとくに経済振興のためにさまざまな組織や団体をコーディネートする役割を果たすのが主な事業である。ただし,Pattoは必ずしもまちづくりを束ねて垂直的ネットワークの頂点に立つ持株会社のような組織ではなく,いわばさまざまな事業を遂行している産地などをネットワーキングするまちづくりコーディネート組織である。Pattoは株式会社であり民間としての運営に任されているが,市町村は県や州と連携してPattoの立ち上げに尽力し,以後はその維持に協力しており,かなりパブリックな性格をもった会社で,経済振興というより市民セクターとしての位置づけとして存在している。プロジェクトの調整・運営,起業の支援,誘致を含めた企業活動にかかわるさまざまな支援ができるように情報の提供やさまざまなコーディネートを行うのである。とくにモデルがあるわけではなく,コーディネートする人材とマネジメントの能力が鍵を握っている。

　Pattoの資金は,EU構造基金目的1の基金によってまかなわれている。Pattoから地域振興のための計画を提出し,それがEU委員会で認められて資金が公布される仕組みである。2001年のケースを見ると,EUから交付された

図7-2　サルノ・ノッチェーラ地域

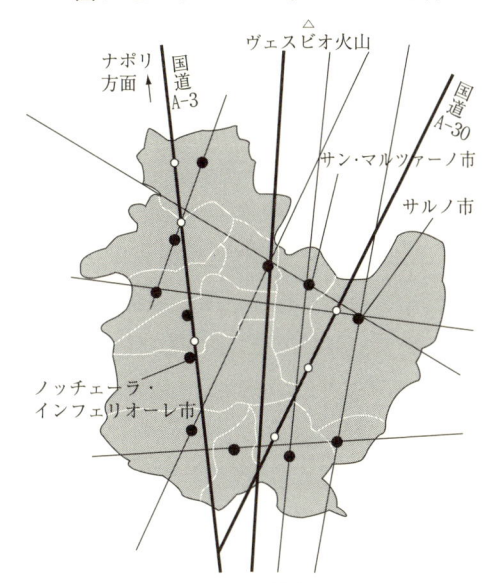

資料：サルノ・ノッチェーラ地域協定のパンフレット

ファンドは5,000万ユーロ,それを含めて2001年度に各種事業に投資された投資額は8,700万ユーロに達し,基金を受け取ったプロジェクトは420となっている。この会社は次のようなアクションプランを想定したコーディネート活動をしている。

① 都市再生（市街地再生／商店街活性化のため失業中の若者への起業支援など）
② 環境と文化財の保全（環境遺産の修復／河川浄化など）
③ 生産エリアの整備と雇用の保障（産地形成に向けての各種整備）
④ 調査研究（産官学連携による付加価値向上,競争力強化）
⑤ 積極的雇用対策（専門的職業訓練）
⑥ 農産加工（加工事業の生産性や効率性の改善／安全・衛生などへの投資）

などである。

これらの事業はEU構造政策の支援との関連があるため,州政府との協議により優先順位をつけて実施することにしている。また,新規起業支援は積極的に行っており,創業者には操業資金の半分を支援している。この結果,現在までに50程度の企業が生まれている。下記は具体的な事業の事例である。

2 Pattoの活動事例

1 サルノ川浄化・流域公園づくりの活動──上記①〜⑥事業のうち②の河川浄化

これは,「サルノ川友の会」とも協力しながら汚染が進むサルノ川の浄化とサルノ川流域公園づくりを行った活動である。Pattoの事業として行ったものだが,公園づくりの資金援助はEUから行われ,計画・設計・工事はPattoが行い,建設後の公園の管理運営は州の事業団が行っている。河川浄化の結果,この地域の景観や自然環境の改善に寄与したことはもちろん,この流域の農産物への信頼度が高まるなど付随する効果を得ることができた。農業および農産加工が主要産業のこの地域にとって,食の安心・安全が強く求められている現在,信頼度の向上の意味は大きい。また,公園建設によってさまざまな関連事業(たとえば,レクレーション事業)が生まれた効果もある。

サルノ・ノッチェーラ地域のみならず,カンパーニア地域は総体として文化財の重要性が認識されてこなかった地域であったが,何よりも重要なのは,こ

の事業を通じて地域住民が地域の独自な価値を再認識したことである。地域の独自の価値を高めることが地域の振興につながるならば，こうしたいわばバーチャルなシアター（この場合は公園）は地域づくりの第一歩となり，それが現存する文化価値の再評価と発展につながるといえる。先述した農産振興協定株式会社の専務バストーラ氏はこうした地域文化の再認識の重要性を熟知している人物であり，この活動にも深くかかわってきた。バストーラ氏は，今後のPattoの重要な活動として，サルノ・ノッチェーラ地域の13自治体を1つにまとめて，広域連合の形で戦略的ネットワークを形成する構想をもっている。そうした戦略的ネットワークの共通項に位置づけられるのが人々の地域へのアイデンティティである。バストーラ氏は，そのために小学生ぐらいからサルノの歴史などを教えていく実験を構想している。

2　産地の形成──上記①～⑥のうち③にかかわる事業

地域経済振興という点では，地元からの起業や農産加工などの集積は大変重要である。農産加工を中心に，関連産業の集積地づくりをめざした事業にも力を入れている。この地方では，トマト，タマネギ，イチジク，ハシバミの実，アンティチョーク，クリ，キュウリなどが生産されているが，中国の成長にともなう影響がないわけではない。中国から直接この地域に輸入される農産物はないが，たとえばプーリア州へは輸入農産物が流通しており，それらの生産物がこの地域に流入している。また，加工工場もプーリア州に立地し始めており（中国からの輸入品の加工），農産物加工工場の起業→雇用問題の解決という課題に難しい問題を投げかけている。しかし，たとえば，トマト加工に関しては60年にわたるノウハウや知恵の蓄積があり，中国国内の工場で同質の農産品が簡単につくれるものではない。プーリア州に加工工場が立地し始めているとはいっても，機械メンテナンスなど生産全体を円滑に動かせるシステムはもっていない。この意味ではこれまでのノウハウをうまく生かした生産が大事である。そうしたノウハウや知恵を生かして'産地'の形成をめざしてコーディネートしている。現在，この地域に3つの産地が形成されている。

農産加工など農業関連以外の産地形成も行われている。たとえば，ナポリ市

図7-3 サルノ・ノッチェーラの収穫の様子

資料:筆者撮影(2008年3月)

内に展開していた小規模な紳士服製造工場を集団移転させて産地としたり,繊維,皮なめし,工芸品の製造などの産地形成が構想,形成されている。ただし,これらの産地はすべてPattoが行ったものではなく州政府によって計画されたものであるが,Pattoの活動エリアと重なる部分が多く,Pattoは計画,運営などの委託を受けて行っている。産地システムの形成は,中部イタリアの産地システムを大いに参考にしたものであって,これらの事業が実現し発展していく条件は,地元側に協働してつくる,という強い意志の存在にかかっている。

　Pattoがかかわった3つの産地形成事業に加えて,現在4つ目の事業として,市民としての生活をするための啓発活動を始めている。ABCD del cittadino(市民としてのABCD)はCD(コンパクト・ディスク)になっているが,これまで経済先進地などとの交流の薄い農村社会に生活してきたため,いきなり成熟した市民としての暮らしを求められると生活の諸側面で困難に遭遇する,それを支援する法の遵守活動の一環として進められている。

3 地域ブランドソラニア(Solania)をめぐるネットワークの組織化—上記①~⑥のうち⑥にかかわる事業

　すでに述べたように,ここサルノ・ノッチェーラ地域はトマトの一大産地である。イタリア産のホールトマトは日本でもお馴染みになっているが,DOP原産地保護呼称認証を受けてこの地で生産されているトマト品種にSan Marzano(サン・マルツァーノ)がある。20世紀初め頃から生産されているが,サルノ地域からはるか北のピエモンテ州にトマト加工工場があり,その企業がここのトマトを原料にしてトマト加工品(トマトソース)を生産する過程でブランドを形成してきたという経過がある。豊富な水資源と火山灰の土壌によって

トマトは3回／年収穫されている。サン・マルツァーノ種のトマトブランドはこの地域の41市町村（うち，サレルノ県の市町村は30）の地理的範囲で生産されるものをいい，カンパーニア州では10万haがサン・マルツァーノの作付けである。茎の高さは1.8mに達し，手で丁寧に収穫するのが特徴である。

図7-4　地域ブランド：ソラニア

資料：筆者撮影（2008年3月）

　農家数40で協同組合をつくり，これらの農家は50年以上にわたってサン・マルツァーノを生産し続けてきた。サン・マルツァーノの生産量は7,000 t，そのうち，この地域は1,500 t 程度である。このトマトで加工されたトマトソースは何種類かあるのだが，そのうちの1つがソラニアというブランド名をもつトマトソースである。ソラニアは前記生産量1,500 t のうち1,200 t である。この地域では，トマト生産農家と農産加工会社がトマトやその他の農産品ごとにコンソルチオ（コンソーシャム）を形成し，トマトは品種ごとにコンソルチオを形成しているが，その1つがソラニアである。このコンソルチオはDOPの認証（1997年認証）を共通項にした団体であって，EU，州，コンソルチオの3つの認定印があることが条件である。加工したトマトソースの販売は4社の共同出資のソラニア有限会社（Solania S.r.l.——S.r.lはイタリア語で有限会社——）で行っているが，国内消費は2％程度にすぎず，大半は北米への輸出である。消費価格は794g缶で5＄だから，かなり高めである（図7-4）。

　このように，トマトは個別農家が生産するが，加工・販売は農家—加工業者が柔軟にネットワークを形成して行っている。そこにこれらをコーディネートするものとして地域協定の重要な役割がある。生産においては，生産地を厳格に定めることによってサン・マルツァーノブランドとして差別化することが重要となり，また，サン・マルツァーノ風トマトソースとして世界的に販売され

る事態が起こっている現状から，ブランドを守ることはコンソルチオにとっても重要な課題となっている。こうしたブランドシステムを支援するのはPattoの役割であり，また，輸出の際にブランドが分別できる輸送や販売，つまり産直によって製品への信頼感を得ることへの支援もPattoの役割となっている。

3 Patto方式の意義と新しいタイプの南部開発

このような協定の意義は次のように整理される。第1に，公私混合のパブリックなまちづくり会社という形をとりながら，民間が中心になってフレキシブルなコーディネート活動を行っていること（柔軟性,ネットワーク），第2に，サルノ川流域公園づくりに見られるように，単に経済的効果を求めるだけでなく，地域の文化そして地域の価値自体を見直していく事業として展開していること（総合性）である。とくに，国による南部開発では重視されず，したがって，地域価値の向上への意識も弱かったことを考えれば，こうしたプロジェクトはきわめて重要であろう。第3に，この会社の専務が大学教授であったことに示されるように，産・官・学そしてEUとの複合的な連携に立ったものであること(協働性,ネットワーク,柔軟性)，これらの諸点が注目に値すると思われる。南部も中央政府の画一的・単一目的性・垂直的な政策から解き放たれて，柔軟性,協働性,総合性に富み，水平的ネットワーキングとして地域づくりが行われつつある一端をこの事例に見ることができる。

新しいタイプの南部開発もこうしたPatto方式と重なる部分が多いが，その秘訣の第1はハードなインフラ整備を地域力向上にコーディネートしていっていることである。EU構造基金の支援は①インフラ整備，②資金を含む企業活力向上への支援，③技術やマネジメントを含む人材育成の3点であるが，これを地域の側から構想し，コーディネートしたことである。第2は，支援されるEU構造基金が交付される主体が州政府に転換したことである。このことにより，地域の実情を熟知した地域づくりを構想することが可能となった。また，EU構造基金は，州政府から提出されたプロジェクトに基づいて補助される競争的資金になったことも秘訣の1つである。第3は，第3のイタリア方式（産

業クラスター的産地形成）をモデルにしながらも，南部の歴史・風土を踏まえ，多様な産地形成を進めていることである。たとえば，ある産地では大規模流通基地，ナポリ市内の数百の歴史的なイタリアンモード紳士服の全面移転，ショッピングモールの形成という大規模産地形成，ある産地では，上述したトマトソースなど食品加工の産地形成，ある産地では皮革品および皮なめしの産地形成，という進め方である。第4は，州政府が中心になって県や市町村および'産'や'学'との連携を進めたことである。とくに事例として述べたPattoのようなまちづくりコーディネート会社は，官と産との連携において重要な役割を果たしている。

こうした開発方式が始まって日は浅い。したがって課題は多いのは事実である。各地の地域協定をヒアリングしてみて理解できることは，第1に，この方式がうまく動いていくためには，ある程度の産業が存在していることである。ある程度の産業が存在しておれば，それらのコーディネートの正否が鍵を握ることになる。第2は，地域—州，県，市町村そして民間企業や市民の強い意欲が地域づくりを推し進める力となっていることである。一部の地方政府では，地域主体のPattoは成功しつつあると評価できるものがある，と述べていたのは，あながち地方の力を誇示するためではないだろう。第3に，コーディネート役にどのような人材がいるかどうかであろう。サルノ・ノッチェーラのPattoの専務はその1つの典型であろう。氏は，新規企業支援，産地形成への支援，環境改善や地域価値の再評価などの事業遂行の中心人物となっており，地域づくりの社会的企業家といえるように思われる[7]。

最後に，EU経済というマクロな視点からイタリア南部の地域づくりの課題について述べておこう。第1は，現在進行中の第Ⅲ期構造政策（2007〜2013年）の基金は確保しているが，現在，EUは開発途上の国々へと拡大しており，そのため，現在のような目的1に合致した地域づくり基金の確保には不確定要因も少なくないこと，が指摘される。第2に，成功した第3のイタリアが直面しているグローバル化と同様の問題にどのように対処しうるかという課題が背景にあることを念頭におくことが必要であろう。

1) 当初，南部開発公庫を軸とする特別助成政策は10年間で南部発展の基礎条件整備を果たすというプログラムであったが，3回にわたる法改正によって延長を重ねてきたものである。
2) S. Fabbrini/S. Piattoni（eds.）"ITALY in the EUROPEAN UNION", Lowman & Littlefield, 2008, pp.51〜62.
3) 「(1995・96年までの) 受動的に適合するものを受容することから，積極的に制度様式を変化させて」いった。Enrico Gualini "Multi-level Government and Institutional Change", Ashgate, 2004, p.234.
4) サルノ・ノッチェーラ地域の基幹産業は農業および農産関連業であり，農産加工工場は2,570あり，製造業全体の工場数32％,従業者の24％を占めている。トマト関連の工場が多く，トマトの加工工場はサレルノ県内に80あり，185万 t が生産されている。金額では，サレルノ県の総輸出の50％は農産加工品（トマトに加えて乳製品,ワイン,オリーブオイル,パスタなど）が占めている。
5) Pino Musi 撮影, Patto 編集の写真集 "Metonimie La Terra del Sarno"（連想 サルノの大地）2003,が地域文化を刻み込むものとして出版されている。
6) 本書の事例は，地域主体の，しかも民間の自発的な力によって地域開発をすすめている典型例であり，成功しつつある事例といってよい。しかし，著者がフィールドワークしたわけではないが，民間の自発的な意欲が弱く，国主導型の地域協定はうまくいっていないものが少なくないようである。
7) 高原一隆「内発的経済振興と社会的起業家」北海道開発局『開発こうほう』2007年1月号。

おわりに

　本書を書くにあたって実にさまざまな方々と議論をし，批判を受けたり賛意を示されたりした。そのうちの批判に関して少し意見を述べておきたい。いずれも，中小企業の協同会社や協同組織に関するものである。その批判の最大公約数は次の点に集約される。確かに，中小企業のネットワークを軸にした地域経済振興は，中小企業が圧倒的に多い地方にとって重要である。しかし第1に，高度成長期以来一貫して第一次産業衰退—人口減少が続き，現在の人口が数千人程度の地域で，果たして，このような中小企業のネットワークによって地域経済に相乗効果をもたらすようなシステムが構築可能なのか，という点である。第2は，地域経済の成長には基盤産業が不可欠であり，こうしたシステムが基盤産業に代替えできるものなのか，という点である。

　第1の点に関しては，第4章で述べた人口4,000人強の下川町の森林クラスターのような事例によって説明することができる。それに加えて，小規模自治体間のネットワークによる地域経済振興を考えるべきであろう。それには，自治体連合のような制度を活用することもありえるし，民間同士の連携を土台に官や学をネットワークに巻き込んでいく，という方法もある。私は，市町村合併については，各自治体の主体的意志に判断を委ねるべきだと考えてきた。主体的意志のない合併あるいは自立（国の政策に反する行動なので，強い意志が当然必要）は決して主体的地域振興にはつながらないからだ。本書を執筆しながら，第7章で述べた南部イタリアの地域協定方式のまちづくり会社の専務が自治体の合併に関して語っていたことを想い起こしている。日本では市町村合併が急速に進んでいる，という私の説明に対して，氏は，合併はかえって地域振興を不効率にしてしまうのではないか，という疑念を抱いたようであった（2007年3月）。地域振興は，地域内の企業間ネットワークと地域間・企業間ネットワークを柔軟にコーディネートし，1地域では不足する資源を補足し合う，というスタンスで進めることが重要だからである。

第2の点に関しては次のように説明できる。経済地理学などでは，産業を基盤産業と非基盤産業に分類し，基盤産業の活力が非基盤産業の活性化に効果を与え，そうした循環が地域経済の成長に結果していくという伝統的な理論がある。確かに，基盤産業を無視して中小企業のネットワークばかりに政策の重点をおくのも問題であろう。しかし，企業誘致などによって基盤産業の構築を図る地域振興の方法は，日本企業のグローバルな立地展開が一般化している現段階では必ずしも安定した方法とはいえなくなっている。また，地域外から企業を誘致したことによる経済効果は，雇用の確保に加えて，固定資産税などの財政効果が主要なものであり，地域内での取引など直接経済活動を活発にすることにつながらないケースが少なくない。重要なことは，地域内での活発な取引が，地域の新たな産業の創出や既存の産業の見直しに向かい，基盤産業の芽につながっていくことである。

　北海道では，かつての基盤産業の崩壊・衰退—代替え産業の未成熟—新たな基盤産業の創出の必要，という論法で，苫東開発，リゾート開発などはこうした基盤産業創出に政策の重点をおき，国策ではあるけれど，地元産業界などは期待をこめて受け入れてきた。しかし，そのいずれも成功にはいたっていない。その間に，北海道という大地を基盤にした農業は大きな課題を抱えたままで推移している。私は，札幌などではIT産業や高度な都市型サービス業の振興は不可欠と考えているし，苫小牧・千歳地域の自動車および関連部品工業の成長とそのための支援策，資源豊富なバイオ産業の支援，多様に展開できる観光・リゾート産業の振興も重要な政策課題と考える。しかし同時に，地域における複合的な取引や活動を行える産業とそのネットワーク化への支援が重要視されてこなかった反省の上に立って，政策としてもそれへの対策も平行してすすめるべきだと考えている。本書は，ささやかながら，そうした提起の1つの試みである。読者が，こういう経済発展の方法があることを念頭においていただければ，筆者には望外の喜びである。

　筆者の力や頁数の限界から，本書で果たせなかった点は多くある。本書で強調したコーディネートについても，コーディネーターの具体的な姿やあり方については，随筆風には述べてはいるものの，理論的にも組織論的にも正確に位

おわりに

置づけて展開してはいない。また，ネットワーク化協同組織もきわめて多様であって，それらの事例を類型化することも今後の課題として残されたままである。これらについては，近いうちに果たしたいと考えている。

また，高度成長終焉以来，小さいことは良いことだ（シューマッハー），容器の経済学（宮本憲一），使用価値の経済学，エコ・エコノミー（レスター・ブラウン），小国主義（田中彰）……オーソドックスな社会科学とは異なった問題提起も，私が目にした範囲の中でも，あちこちで散見される。筆者自身も，大きな課題でいえば，こうした中小企業のネットワークや住民自治活動のネットワークを「成長主義路線ではない豊かさの実感を得ることのできる経済学」の中に位置づけたいと考えている。

本書ができるまでには，実に多くの方々にお世話になっている。現在教鞭をとっている北海学園大学の経済学部をはじめとする諸学兄，かつてお世話になった大学の同僚・学兄，日本地域経済学会や関連する学会の諸学兄など，さまざまな議論を通じて多くの勉強をさせていただいた。

頁数の関係で紹介できなかった中小企業のネットワーク組織の事例も多い。その中には，私の力不足で十分整理できずに紹介しなかった事例もある。道外でも，東京・足立区，東京・大田区，諏訪・岡谷地域，川崎北部，大阪東部，東大阪，広島など数多くあり，いずれもネットワークの中心人物や事務局の方にお会いして貴重な経験をお話しいただいた。これらはどれも本書の血となり肉となっている，と信じている。当初，本書の1つの章として計画していた沖縄―中央政府「依存」型経済の共通性―の分析と事例については，頁数との関係で掲載することができなかった。これについては，現在も，沖縄持続的発展研究会（代表：宮本憲一）のメンバーとして沖縄にも調査研究で出かけており，この研究会の成果の一部として果たしたいと考えている。また，農村部については，高知県・馬路村，檮原町，宮崎県・綾町などフィールドワークから多くの成果を引き出すことができた。

事例として紹介した中小企業ネットワークの関係者にフィールドワークしてお話を聞かせていただいたことは，本書の重要な構成部分となっている。とりあえず，名前を記すことで少しでも感謝の意を表したいと思う。KECの高島

正和氏，士別の㈲デイリーサポート士別の玉置豊氏，VC5の田中正稔氏，下川町森林組合長：山下邦廣氏をはじめ下川町・クラスター研究会のメンバー，江別麦の会の佐久間良博氏（江別製粉㈱取締役）や滝川市経済部の野澤氏，くりやまコミュニティネットワークの長谷川誓一代表，中谷浩二理事や事務局の方々，白老町企画課の職員や町内会幹部の方々には，本来は直接会ってお礼をいうべきであるが，本書を借りて心から感謝申し上げたい。本書に収録できなかったネットワーク企業も多い。フィールドワークに際して，ネットワーク企業（組織）の代表者や事務局の方々には貴重な時間を割いてお話を聞かせていただいた。1人1人のお名前は記さないが，これらネットワーク企業（組織）が日本の地域や産業を担うべく，いっそう活躍されることを心からお祈りしたい。

　また，この拙い著作のために，多くの団体から研究費の支援をいただいている。まず，北海学園大学（法人）からは，私が赴任した2003年以来，総合研究の共同研究者として，道内外各地のフィールドワークなどのご支援をいただいている。イタリア南部のフィールドワークに関しては，平成16～17年度日本学術振興会の科学研究費（「第三のイタリアの産地システムと地域経済活性化の国際比較」）および㈶北海道開発協会：平成19年度研究助成の助成をいただいた。心から感謝申し上げたい。また，南部イタリアと北海道との分権的地域政策の比較の視点については，日本私立学校振興・共済事業団の学術研究振興資金（「北海道開発政策の転換と自治制度に関する総合的研究」）の研究費を使用した。

　なお，本書の一部は，私がすでに発表している諸論文を下敷きにしている。第1章は，仲村政文・蔦川正義・伊東維年編著『地域ルネッサンスとネットワーク』（ミネルヴァ書房，2005年）の「第3章　中小企業のネットワーク生産システム」の一部を参照しているが，まったく原型をとどめないほど手を加えている。第2章は，「北海道経済自立の一視点――企業間ネットワークの地域経済学――」『開発論集』第78号（北海学園大学開発研究所，2006年）を土台にしているが，これもまた原型をほとんど残していない。また，この論文で紹介したネットワーク企業の事例は本書第3章にも一部収録した。第4章は，平成13～15年度科研費補助金『森林の持続可能な管理とその環境保全機能に関する研究』（代表：富井利安）の報告書のうち，筆者担当の「第1章　森林資源の活用と地域の活性

化──北海道・下川町の森林クラスターの試み」を基礎に加筆修正して収録したものである。第5章は,『北海学園大学経済論集』第55巻第1号（2007年）の「地域ブランドづくりと地域経済ネットワーク──幻の小麦・ハルユタカをめぐる地域経済ネットワーク」を一部修正の上収録した。第6章1節は,『静岡大学経済研究』11巻4号の「地域通貨と地域振興に関する一考察──北海道・栗山町の'クリン'を事例に」を基礎に一部修正して収録した。第6章2節は,平岡祥孝・高橋清編著『北海道再建への戦略──豊かな「ストック」社会に向けて』（北海道新聞社,2007年）の「第7章　垂直から水平へ──新たな地域開発の可能性」の170～173頁を基礎に,大幅に加筆して収録した。第7章は,平成16～17年度日本学術振興会の科学研究費（「第三のイタリアの産地システムと地域経済活性化の国際比較」）の一部を基礎に大幅加筆修正して収録した。

　最後になるが,前著に続いて,法律文化社にお世話になることになった。前著の編集を担当した田靡純子氏（現：代表取締役）の薦めにより,本書は出来上がった。最初の話から足かけ2年が経つが,田靡純子氏はベテラン編集者らしく辛抱強く原稿を待っていただいた。氏の辛抱強い支えがなければ,本書は出来上がっていなかったであろう。また,執筆途上で氏の担当が尾﨑和浩氏に替わったが,氏も田靡氏同様に原稿を快く待っていただいた。両氏に対しては,心より感謝申し上げる。

　　2008年7月21日

　　　　　　　　　　　　　　　　　　　　　　　　　　　髙原　一隆

語句説明

あ 行

アメニティ（amenity）

快適性のこと。とくに，生活の質が問われるようになって以来，この言葉は人々の暮らしのレベルを計る指標としてしばしば使われるようになった。

域際収支

国と国との取引収支を国際収支というが，それを地域と地域の取引にあてはめた概念である。地域経済力を計る1つの指標として使われている。国際収支と同様に，モノとモノとの取引（財の取引）とカネの取引（資本収支）があり，かつては北海道の総合的な域際収支は北海道拓殖銀行の研究所が行っていたが，拓銀破綻後は財の取引にしぼった域際収支が北海道開発局によって公表されている。北海道は広いため，道央，道南，道東，道北の4地域間の域際収支を明らかにする試みも行われている。

ただし，地域経済は国民経済と違って完全な自立性が求められるわけではないので，域際収支は地域経済自立の1つの基準として参考にすべき性格のものである。

一村一品運動

もともとは，1979年，平松守彦氏が大分県知事に当選後，市町村長との懇談会の席で提起されたことから始まった運動である。都市部の発展に比べて農村部が停滞していた現実を背景に，その活性化のために，それぞれのマチやムラが誇れる産品をもち，それを拡大していこうというのがその主旨である。後に，横路孝弘氏が北海道知事になってこの運動を提唱し，大分県の経験と併せてブームを呼び起こした。現在，発展途上国で，この運動を継承し，国や地域の経済発展につなげていこうという動きもある。

イノベーション（innovation）

'革新'，'新機軸'と邦訳される場合もあるが，通常，イノベーションといわれる。J.A.Schumpeter（シュンペーター/1883-1950年）は，新しい生産方式の開発，新製品の開発，新市場（販路）の拡大などによって古い経済システムが廃れ，新たな経済システムが形成されるが，そうした方向に向かって進む企業家の行動をイノベーションと呼んだ。技術革新という狭い分野に限定して使われる場合もあるが，イノベーションは技術革新も含む経済システムの変化をいう。1990年代から，平成不況からの脱出をめざして，この概念が再び注目されている。

インフラストラクチャー（infrastructure）

通常，インフラと略して使われている。地域での経済活動や生活の基盤となる施設の総称である。生産関連インフラ（生産基盤）と生活インフラ（生活基盤）の2つに大別されている。前者は道路，港湾，鉄道，空港などの交通施設，電話・コンピュータなどの通信施設，上下水道，電気，ガスなどをさし，後者は道路，公園，上下水道，学校などの教育施設，病院などの医療施設，社会福祉施設，各種の公的な会館などである。

エントレプナーシップ（entrepreneurship）

企業家精神と訳されるが，起業への期待

を込めて起業家精神という場合もある。イノベーションの項目で説明したように，シュンペーターがいった新生産方法，新製品開発，新市場開拓などを通して経済発展をみいだしていくアクティブな企業家およびそうした企業家がもつ精神構造のことをいう。長く続く平成不況や事業所の減少などの現状に対応して，経済を活性化させる主体の育成の必要から強調されるようになった。

沖縄開発庁

1972年の沖縄本土復帰とともに設置された国の機関である。本土復帰にともなう開発計画の作成や沖縄振興開発金融公庫の監督業務などを行ってきた。2001年の省庁再編により，内閣府の一部局となったが，沖縄・北方担当の特命相は必ずおくことになっている。なお，開発庁の地方支分局として沖縄総合事務局が現地機関として設置されていたが，2001年の省庁再編成により，この機関は国の支分局として農水省の地方農政局，国土交通省の地方整備局，財務省の地方財務局，経済産業省の経済産業局など国の事務を行っている。

か　行

供給サイドの経済学（supply-side-economics）

供給重視の経済学。高度成長期のケインズ主義的総需要政策は，財政赤字のリスクを負ってでも需要を拡大（その代表が公共事業の拡大）させ，経済安定と福祉国家をめざすとしたが，そこから生じたゆがみや制度疲労の問題点を衝くことによって台頭した経済学である。税制改革，歳出減，減税，高福祉の見直しなどを柱に，供給能力を高めることに重点をおいた経済学。企業家精神を強調するのも，企業減少など経済主体の力が落ちたことに対応して，経済主体の供給を重視しているからである。レーガン―サッチャー―中曽根ラインの経済政策を支える経済学であり，最近は，小泉政権を支えた新自由主義のイデオロギーと結びつく場合が少なくない。

グランドデザイン（grand design）

グランドには，'壮大な'とか'総括的な'という意味がある。ここでは，地域を開発，改善していくための大局的で全体的な構想のことをさしている。

結束政策（cohesion policy）

'結束'という言葉は耳慣れない言葉である。EUでは地域政策や構造政策と大きく異ならない用語として使われている。一般に，いくつかあるものを1つに束ねる，という意味であるが，1つに焦点を合わせる（convergence―収斂）などと大意の違いはない。ヨーロッパとはいえ，民族，風土，習慣……きわめて多様である。そうしたきわめて異なる地域や国がEUとして1つになるのであるから，それを1つにまとめる媒介項が必要になる。それが1人あたりのGDPや雇用であり，その格差を縮小させる政策を進めることが多様な地域・国を結束させる政策目標とされている。

公的固定資本形成

国民経済計算において，公的需要を構成する項目の1つ。公的住宅，公的企業設備投資，一般政府（地方自治体を含む）の固定資本形成からなっている。土地造成費を含む公的な建設物，機械設備など新規耐久財の購入が含まれる。なお，道路，港湾，ダムなどの工事は発注者（＝国，都道府県，市町村など）の固定資本形成に含まれるので，公共事業にかかわるものの多くはこれ

に含まれると考えてよい。

構造政策目的1

　ヨーロッパとはいえ，多くの地域・国が1つになるのであるから，地域・国ごとの経済格差もきわめて多様である。ＥＵ構造政策とは，そうした経済的・社会的格差構造を変革し，その縮小を目的とした政策である。そして，地域・国の格差の状況に応じて政策の重点に違いをつけているが，それが目的（object）1……である。たとえば，第Ⅲ期構造政策では目的1，目的2，目的3があるが，目的1は開発の最も遅れた地域の開発や構造調整の促進，目的2は構造的諸問題に直面している地域の経済的社会的転換の支援，目的3は教育，職業訓練，雇用に関する国の政策，制度の改善，近代化の支援，となっている。第7章のイタリア南部は目的1に対応する地域への支援とされている。

小口対応プラントＦ-Ship

　通常は，1回の製粉に20～30ｔの小麦を必要とし，そうした製粉の方が効率的なのであるが，ハルユタカのように，量産で対応できない小麦のために，パン屋や菓子製造業者の小口需要に応じるため，数百ｋ程度の製粉対応の製粉機を開発した。その固有名詞がＦ型のShipという名の製粉機である。

コールセンター（call center）

　電話とコンピュータを融合して，顧客に電話対応をする施設設備のことをいう。その最も基本的なものは電話交換であるが，現在では単なる電話の取り次ぎにとどまらず，顧客拡大の企業戦略（たとえば，金融や証券の商品）として導入する企業も増えてきている。また，複数の団体や企業のそうした機能を1つにまとめる新しいビジネスも生まれており，そうした企業が複数入居した施設がコールセンターといわれる。

コントラクター制度

　コントラクター（contractor）とは契約人，請負人のことをいう。農作業の一部を引き受けて，料金収入を得る人・集団をコントラクターという。とくに第3章のコントラクターは酪農の作業にかかわる制度であり，酪農の重労働部分や農繁期に作業を請け負ってくれる人たちの組織をいう。コントラクター全国協議会の規約第3条（目的）には，「協議会は，飼料生産に関する作業の効率化および低コスト化を図るためコントラクターの育成・強化を通じた飼料増産を図り食料自給の向上並びに畜産業の安定的な発展に寄与することを目的とする」とうたわれており，重労働である飼料生産にコントラクター制度を導入することの重要性がわかる。農水省生産局調べによると，2003年に北海道には122，全国には317のコントラクターがある。

さ　行

産業クラスター（industrial cluster）

　クラスターとは，ブドウなどの房を意味する言葉であり，ブドウのように1つの枝にたくさんの房がなっている様子をさしている。産業クラスターとは，ブドウの房のように，1つの枝に（1つの空間に）関連する企業が多数集積している状態をいう。

支　庁

　北海道，沖縄，鹿児島（奄美諸島）のように，行政面積が広大であったり，離島からなっている地域に，行政サービスを行きわたらせることができるように，都道府県の下に設けた行政単位である。北海道には，道庁の下に14の支庁があるが，現在，

行政スリムの方針の下に支庁を再編する条例（9総合振興局と5振興局）が道議会に付されたが，結局，14支庁体制を実質維持する修正が施される結果（2009年3月31日）となった。

社会的関係資本

社会的基盤としてのインフラストラクチャーに含められるが，インフラの項目で述べた生産基盤や生活基盤とは別に，制度資本（金融制度，教育制度など）や自然資本そして社会的関係資本をあげることができる。その意味ではインフラを構成する要素といってよい。ここでいう社会的関係とは，企業や個人のフェイス・ツー・フェイスの関係やそこから生まれる情報（生産に関していえば，技術に関する情報，市場に関する情報など）の総称である。

需要サイドの経済学（demand-side-economics）

供給サイドの経済学と逆の発想に基づく経済学。高度成長期のケインズ主義的総需要政策は，財政赤字のリスクを負ってでも需要を拡大（その代表が公共事業の拡大）させ，経済安定と福祉国家をめざすとしたが，そうした政策を理論づけた経済学が需要サイドの経済学である。

スピンアウト（spin out）

スピンアウトとは，飛び出すとか独立するという意。以前勤務していた会社などを辞めて独立して起業するような場合に使われる言葉である。類似の言葉に，スピンオフ（spin-off）があるが，会社のある部門が独立して別の会社になる場合にいわれる言葉である。

政府最終消費支出

政府（地方自治体を含む）は政府サービスを提供する生産者としてとらえられ，生産された政府サービスは政府自らが消費するものとなっている。こうした政府サービスの消費全体を政府最終消費支出としている。国公立大学の授業料のように，受益者（学生）が一部負担するコストは差し引いたものである。

政府財政依存

それぞれの地域（都道府県）の総支出は，①民間最終消費支出，②政府最終消費支出，③都道府県総固定資本形成（民間＋公的），④財貨・サービスの移輸出入に分けられているが，このうち，①と③の民間の割合と②と③の公的の割合の比較において，後者の割合が高い地域を政府財政依存の高い地域という。

ゼロエミッション（zero emissions）

emissionとは光，熱，ガスなど放出することであり，ゼロエミッションとは排出物質をゼロにして，地球環境の改善に寄与することをいう。大量に資源を使い，大量に消費して廃棄するというこれまでの社会のあり方が問われ，ある産業が排出した廃棄物を別の産業が原料として使ったり，家庭から排出されるゴミを産業のエネルギーとして利用したりして，最終的に排出される廃棄物をゼロにすることをいう。

た　行

地域経済の範囲

国民経済の範囲は，国民国家とほぼ同一と考えてよいが，地域経済の範囲は，地域という概念に基づく範囲が目的や課題に応じて柔軟に設定できるため，画一的な範囲が設定されているわけではない。行政に基づく地域なら，○○県や△△町という地理的範囲であるが，経済活動は行政単位に基づいて行われているわけではなく，1つの

企業でも複数の行政にまたがっている場合も多く，単一企業でも，取引は行政区域とあまり関係なく行われている。

また地域経済は，現在では，たとえばEUのように，国民国家の範囲を超えた地球上の一構成部分として設定される範囲をも考えておくことが大事である。

データセンター（data center）

システム設計・開発・保守からネットワークやサーバーの設計・構築など企業のトータルなアウトソーシングを提供する組織である。かつては，企業が独自に行っていたこうした業務を専門にする企業が生まれ，こうした企業が集積して業務を行っている。

デントコーン（dent corn）

トウモロコシの一品種。デントは凹みを意味する言葉であるが，乾燥するとトウモロコシの粒に凹みが多くあることからこう呼ばれている。大型で収穫量は多いが，人の食としては適さず，主に家畜の飼料用として栽培されている。

苫小牧東部開発（苫東開発）

新全国総合開発計画（1969年）で大規模工業基地の1つとして決定された開発である。その対象地域が苫小牧市東部の勇払原野であることから苫東と略称されている。鉄鋼，石油化学，石油精製など重化学工業と自動車など加工組立産業を合わせた巨大工業基地として構想された。開発の主体は，国，地方自治体（道や周辺市町村），民間企業による第三セクター（苫小牧東部開発株式会社）であった。しかし，オイルショック以降，計画は進捗せず，1999年には事実上の経営破綻となり，新会社・株式会社・苫東に営業権を譲渡した。工場団地総面積10,700haのうち，工場団地面積は5,500haであるが，分譲済面積は1,004haにすぎず（2006年），その存在が問われ続けている。

は　行

ハイブリッド（hybrid）

ハイブリッドとは混成物の意。旧来のものに新しい要素を加えたものをいう。混成物といっても，混成してより創造性の高いものを生み出していく意味を含めて使われることが多い。

ハコもの

通常，公共事業によってつくられるハードの構築物のことをいう。具体的には，道路，港湾，空港，ダムさらにさまざまな会館や美術館，博物館のような構築物がまるでハコをつくっているようにみえることからこれらを一括してハコものという。「ムダな公共事業」やハコものによる自然破壊を批判する人達からこのように呼ばれることが多く，あまり積極的に評価する意味では使われない。

発展なき成長

地域格差を政府財政支出で補うことによって，暦年の地域ＧＤＰは増加しているため，経済成長はしているが，経済構造の質的向上がみられない経済状況のことをさす言葉である。成長は量的増大，発展は経済や地域社会の質的向上と理解すればわかりやすい。

ハードとソフト

ハードはハードウェア，ソフトはソフトウェアの略。最近になってコンピュータの発達とともに，さまざまな分野で使われるようになった。経済学では，ハードは主に物的財貨や構築物（公共事業として建設される道路，港湾，ダム，埋め立てなどはそ

の代表である）を意味する言葉として使われる。ソフトはコンピュータを使用する際のシステムの総称であるが，たとえば，鉄道というハード施設に対して，時刻表を交通のソフトウェアというように，人と人との関係のように，可視的でなく，形のないもの一般をソフトというように，拡大されて使用される場合がある。

ハーベスター (harvester)

ハーベストとは収穫のこと。したがって，ハーベスターとは収穫機のことである。

ハルユタカの生育過程

北海道の小麦の栽培ステージは次の通りである。

根雪前の11月に播種するが，それは雪に覆われた土が地上の厳寒の気温に比べ，一定の温度に保たれて暖かく，麦が発芽した状態で冬眠できるからである。発芽のままで冬眠し，4月に融雪すると生育が始まり，追加的肥料を施し，5月に葉が出て（出葉）分げつし穂が形成される。6月に出葉がとまり，穂が出て開花する。7月には黄金色の穂が実り，7月末～8月に収穫する。

なお，播種とは種をまくこと，分げつとは，イネ科の植物が，生育にともない，根元に近い茎の節から新しい茎を分岐することである。

バンカーサイロ

サイロとは，農産物や家畜の飼料を貯蔵する一種の倉庫のことをいう。また，サイロに貯蔵された飼料作物のことをサイレージという。北海道の農村で円筒型の石造りの倉庫をよくみかけるし，こうしたサイロは北海道農村の風景を代表していた。サイロは，こうした円筒型のもの，バンカーサイロなどの水平型サイロ，半地下型サイロに大別される。円筒型サイロは建設コストが高く，サイレージをつくる際に多大な労力がかかるなどの事情から，現在は，バンカーサイロが主流になりつつある。バンカーサイロとは，地上にコンクリートで凹型の巨大な入れ物をつくり，そこにサイレージを詰め込む方式である。重量4t程度のショベルローダーで撹拌して発酵させ，上部にはビニール製の被覆シートをかけておく方式である。円筒型のものより面積はとるが，建設コストが安く，ショベルローダーで何回も撹拌することができるという利点がある。

ヒエラルヒー都市システム (hierarchy urban system)

ヒエラルヒーとは，上下の位階関係に秩序づけられたピラミット型の秩序や組織のことをいう。つまり，日本の例でいうならば，ピラミッドの頂点に東京があり，大阪や名古屋が続き，次の位階に広域地方圏の中心都市（地方中枢都市）があり，さらに，県レベルの中心都市（地方中核都市）があり，さらに下位の位置に地方の中小都市や広大な農産漁村部がひろがるという地域システムのことである。位階性ということは，上位の位置にある都市が国レベルの中枢機能，地方中枢都市は広域地方の中枢機能，地方中核都市は県レベルの中枢機能を保持していることに示されるように，ヒエラルヒーが上位都市になるほど上位の機能を有する。

プロダクトサイクル (product life cycle theory) 論

アメリカの経済学者R. ヴァーノンが明らかにした理論。製品のライフサイクルが導入期，成長期，成熟期，衰退期と進むにしたがって，当該製品が技術的にも模倣され，コスト低下も可能となる。とりわけ，

発展途上の国々でそうしたことが起こると，先進国企業は競争力を失ってしまう。そこで，先進国企業は途上国に工場を移転することになる。ヴァーノンは，このようにして先進国企業の移転と開発途上地域での生産活動を，製品のライフサイクルから説明した。

ヘルパー制度

　一般に，ヘルパー制度はさまざまな分野にわたって存在する。本書のヘルパー制度とは，酪農ヘルパーであって，もともとは，酪農家が冠婚葬祭，病気・けがなどで作業ができないときに酪農家同士で相互扶助する制度として始まった。その後，酪農の近代化とともに，高いレベルの作業が要求されるようになり，一定の技能をもった労働力が求められ，また，酪農家の側でもさまざまな条件に対応できるよう専門的なヘルパーが求められるようになり，全国にヘルパー事業の組織（利用組合）ができている。1990年には，酪農ヘルパー全国協会もできた。現在，全国に300を超える利用組合と3,000人程度の専任・臨時のヘルパーがいる。

ボイラー・コンプレッサー（boiler compressor）

　ボイラーは蒸気発生装置。コンプレッサー（compressor）は圧縮装置のこと。つまり，発生させた蒸気を圧縮させる装置のことである。

北海道開発庁

　1949年6月，北海道開発を目的として設置された国の機関である。北海道開発庁の設置に際しては次のような事態があったといわれている。当時，北海道知事に社会党の知事が選ばれ，北海道開発は地元北海道の手で開発すべきだとの意見もあったが，地域開発を地方の手に委ねることに激しく反発する旧官僚や，冷戦時代を予感した米軍の後押しもあって，国の機関として設置を強行した。2001年の省庁再編にいたるまで約50年間北海道開発の主体として機能した。職員数百名規模の小さな省庁であったが，農林省，旧建設省，旧運輸省の三省の北海道分の予算を背景に，企画官庁として機能した。開発庁設置の翌年には，事業実施機関として北海道開発局が設置された。国土交通省に，北海道開発を担当する北海道局が設置され，北海道開発庁はなくなったが，北海道開発局は，国土交通省北海道局の地方支分局と位置づけられ，技術職員を中心に，数千人の職員が職務にあたっている。しかし，2008年，談合が発覚し幹部が逮捕されるに及んで，北海道開発局自体の存亡が問われ始めている。

北海道の開発主体

　北海道を統治する行政機関は，1869～1881年の12年間は北海道開拓使，1882～1885年は3県（札幌県，函館県，根室県）1局（北海道事業管理局），1886～1946年は北海道庁と変遷したが，いずれも国の機関による統治であった。1886～1946年の北海道庁は現在と同じ名称であるが，国の機関である。戦後は，自治体となった北海道庁が統治している。

北海道開発論争

　「この論争の直接の発端は，予算総額1300億円に対して，執行率6割弱（約777億円）に示されるように，著しく低い達成率にあった。低い達成率に対する批判の背景にあったのは，食糧増産と人口吸収という二大目標が，朝鮮戦争以降の日本経済の急速な産業復興により目標自体が意義を失ったという点である。第二の論点は，北海道

はすでに後進地域たる状態を脱しており，したがって従来型の開発の延長ではなく，新たな段階の開発にとって代わるべきであるという論点である。第三は，豊富な資源と技術・資本・人的要素の不足を考慮したうえで，府県と同じ土俵の上で北海道の主体的開発が重要なのであって，府県を上まわる公共事業に依存した開発政策をとるべきではないという点である。……今後の北海道開発は費用―効果を明確にして国民経済の合理的発展に寄与すべきであるというのが共通した論点であり，北海道経済を日本経済の地域的分業の一環として有機的に組み込み，高度成長に向けた理論的地ならしとしての性格をこの論争はもっていたといえる」。高原一隆『地域システムと産業ネットワーク』（法律文化社，1999年）147頁。

北海道特例

地方自治体が公共事業を始めるときに，国が自治体に対して何分の1の補助をするかについて，重要度や事業の内容によって補助率が決められている。公共事業における北海道特例は文字通り「特例」であって，開発途上地域であることを根拠に，他地域で行う同種の公共事業よりも高い補助率を設定してきた。北海道開発庁が省庁再編成でなくなるとともに，こうした特例はなくすべきとの意見があったが，最近にいたるまで，特例をなくすか否かは政治問題でもあった。現在は基本的に特例は廃止される方向で進んでいる。沖縄にも同様に，沖縄特例が設けられているが，沖縄特例は現在も続いている。

ま 行

ミキシングフィーダ（mixing feeder）

feedは食事をすること。feederは食事を与える装置つまり給餌装置のことであり，トウモロコシなどエサを混合調整して家畜に与える装置。飼料タンク→混合装置→搬送コンベア→配飼装置レール，と飼料が動いて家畜に行きわたらせる。

メガコンペティション（mega-competition）

メガは100万倍を意味する接頭辞。転じて，巨大，並はずれて大きいことをいい，コンペティションは競争の意である。したがって，メガコンペティションは並はずれた大競争の意。競争一般は資本主義の本性であるが，大競争は，国民経済内での競争が主眼であった時代から，グローバル時代に対応した競争つまりグローバルな競争を意味している。

モッコ

モッコとは，縄を網状に組んで四隅につり縄をかけて荷物をつり上げる装置のこと。酪農では，縦横それぞれ1～2m程度の飼料等をつり下げて運搬する装置をいう。

ら 行

ラティフンディウム（latifondium）

もともとは，古代ローマ帝国時代に形成された奴隷制大土地所有制度のことである。

転じて，大土地所有制度一般をさす場合もある。イタリア南部では，支配者は交替してもイタリア国内，スペイン，フランスなどに大土地所有者（貴族）が不在地主などの形で1970年代までこの制度が存続しており，統一以降のイタリア近代化を阻む大きな要因であった。

リーケージ（leakage）

漏出のこと。経済学においてリーケージとは次のことを意味する。投資による乗数

効果で，波及効果が及ぼされ，経済は拡大していくが，それが収束する過程が必ず生まれる。その際，限界支出性向1以下が想定されるが，それによって有効需要が漏出する。このように，波及効果の逆の側面のことをいう。

六価クロム鉱滓

六価の構造をもつクロムイオンのこと。合金，メッキ，触媒などに使われ，その水溶液は黄色および橙色がかった色をしている。クロムイオンの中でも最も毒性が強く，採掘・製造過程で人体に肺ガンや鼻孔に穴の開く病気の危険がある。鉱滓はいわばクロムイオンの滓であるが，それでも人体に危険があるといわれている。1975年，東京都江戸川区に六価クロム鉱滓の投棄が新聞報道されたことが契機となり，社会問題化した。

栗山町では，1935年に日本電工栗山工場が建設され，合金鉄の生産が開始された。最も被害が深刻だったのは工場労働者であり，クロムによる肺ガンや呼吸器系統の病気に苦しんだが，1971年の生産停止まで労働者の作業環境は抜本的には改善されなかった。また，日本電工栗山工場がクロム鉱滓約24万tを栗山町内の土地に埋め立てていたことが判明し，1972年には井戸水から水道水の30倍の六価クロムが検出されるなど，住民への第二次被害として深刻な社会問題となった。

わ 行

ワークショップ（work shop）

英語で作業場を意味する言葉。日本語では，グループ学習やグループ討議がふさわしい。講師が参加者に一方的に話をするのとは対象的に，双方向性をもった体験型グループ討議のことである。この言葉は最初，演劇などで使われていたが，現在は学校教育，市民活動，企業研修などでも行われるようになった。

欧 文

Contratti D'area

イタリア語のContrattiは英語のContracts – 契約の意，areaは英語のエリア＝領域，地域的空間の意。地域の諸団体が地域開発を協力して進めるために結んだ地域契約のこと。とくに，経済状態が劣悪な南部地域に多い。

ＦＳＣ（Forest Stewardship Council）

森林管理協議会と訳されている。1993年，林業関係者や環境保護団体によって，非営利団体として設立された。本部はドイツのボンにある。適切な管理がされていると認められた森林からつくられる木材・木製品には，この協議会からロゴマークが付けられる。これを森林認証制度という。2006年現在，日本では25ヶ所，28万㎡が認証を受けている。

Patto Territoriale

イタリア語のPattoは英語のPact＝協定，条約の意，Territorialeは英語のTerritorial＝領域，地域の意。地域の団体・個人が地域発展を協力して行うために結んだ地域協定のこと。Contratti D'areaと重なる機能をもつが，Patto Territorialeは南部以外の地域にもある。

ＲＤＦ（Refuse Derived Fuels）

ゴミ固形燃料を意味する言葉。通常，一般廃棄物を破砕，乾燥させたり，不燃物などを除去したり，腐敗防止の添加物などを加えて圧縮成型した燃料をさす。近年，財政危機のためにゴミ処理費用を軽減させた

い自治体と，地域から安定的に安価なエネルギーを求める企業側との思惑が一致し，地球環境保護というコンセプトで研究開発を重ねて，家庭からの一般ゴミを燃料化する事例が増えつつある。

参 考 文 献

(入手しやすい単行本を中心に執筆者名のアルファベット順,50音順に掲載した)

〔はじめに〕

P.ドラッカー(上田惇生・佐々木実智男・田代正美訳)『ポスト資本主義社会——21世紀の組織と人間はどう変わるか』(ダイヤモンド社,1993年)

塩野七生『ローマから日本が見える』(集英社,2005年)

恩田陸・NHK「失われた文明」プロジェクト『失われた文明 マヤ』(日本放送出版協会,2007年)

中村誠一『マヤ文明を掘る——コパン王国の物語』(日本放送出版協会,2007年)

〔第1章〕

A.マーシャル(永澤越郎訳)『経済学原理』2(岩波ブックセンター信山社,1985年)

A.サクセニアン(大前研一訳)『現代の二都物語——なぜシリコンバレーは復活し,ボストン・ルート128は沈んだか』(講談社,1995年)

C.Crouch/P.Le Gales/C.Trigilia/H.Voelzkow Local Production Systems in Europe: Rise or Demise?, Oxford U.P.,2001

C.Crouch/P.Le Gales/C.Trigilia/H.Voelzkow Changing Governance of Local Economies, Oxford U.P., 2004

D.ヘントン/J.メルビル/K.ウオルシュ(加藤敏春訳・解題)『市民起業家——新しい経済コミュニティの構築』(日本経済評論社,1997年)

D.ヘントン/J.メルビル/K.ウオルシュ(小門裕幸監訳)『社会変革する地域市民——スチュワードシップとリージョナル・ガバナンス』(第一法規,2004年)

G.Becattini Industrial Districts, Edward Elgar, 2004

M.ポーター(竹内弘高訳)『競争戦略論Ⅰ・Ⅱ』(ダイヤモンド社,1999年)

石倉洋子・藤田昌久・前田昇・金井一頼・山崎朗『日本の産業クラスター戦略——地域における競争優位の確立』(有斐閣,2003年)

伊丹敬之・松島茂・橘川武郎『産業集積の本質——柔軟な分業・集積の条件』(有斐閣,1998年)

植田浩史『現代日本の中小企業』(岩波書店,2004年)

植田浩史『自治体の地域産業政策と中小企業振興基本条例』(自治体研究社,2007年)

内田勝敏『グローバル経済と中小企業』(世界思想社,2002年)

大江正章『地域の力——食・農・まちづくり』(岩波新書,2008年)

岡田知弘『地域づくりの経済学入門——地域内再投資力論』(自治体研究社,2005年)

岡田知弘・川瀬光義・鈴木誠・富樫幸一『国際化時代の地域経済学（第3版）』（有斐閣，2007年）
奥野信宏『公共の役割は何か』（岩波書店，2006年）
奥野信宏『地域は「自立」できるか』（岩波書店，2008年）
経済産業省編『新産業創造戦略』（経済産業調査会，2004年）
経済産業省編『新経済成長戦略』（経済産業調査会，2006年）
湖中齋・前田啓一・粂野博行『多様化する中小企業ネットワーク――事業連携と地域産業の再生』（ナカニシヤ書店，2005年）
斉藤槙『社会起業家――社会責任ビジネスの新しい潮流』（岩波新書，2004年）
品川隆幸『東大阪元気工場』（小学館文庫，2003年）
下平尾勲『地元学のすすめ――地域再生の王道は足元にあり』（新評論，2006年）
神野直彦『地域再生の経済学――豊かさを問い直す』（中公新書，2002年）
神野直彦編『都市経済と産業再生』（岩波書店，2004年）
神野直彦・森田朗・大西隆・植田和弘・苅谷剛彦・大沢真理編『自立した地域経済のデザイン――生産と生活の公共空間』（有斐閣，2004年）
関満博・辻田素子編『飛躍する中小企業都市――「岡谷モデル」の模索』（新評論，2001年）
関満博・一言憲之編『地方産業振興と企業家精神』（新評論，1996年）
関満博・山田伸顕編『地域振興と産業支援施設』（新評論，1997年）
高橋伸夫編『超企業・組織論――企業を超える組織のダイナミズム』（有斐閣，2000年）
高原一隆『地域システムと産業ネットワーク』（法律文化社，1999年）
高原一隆『北海道における産業集積地域の可能性に関する実証研究』（北海道開発協会助成研究成果報告書，2001年）
田中史人『地域企業論――地域産業ネットワークと地域発ベンチャーの創造』（同文館出版，2004年）
谷本寛治編著『ソーシャル・エンタープライズ――社会的企業の台頭』（央経済社，2006年）
中小企業庁編『新中小企業対策基本法』（同友館，2000年）
辻悟一編『経済地理学を学ぶ人のために』（世界思想社，2000年）
内閣府編『日本21世紀ビジョン』（国立印刷局，2005年）
中村剛治郎『地域政治経済学』（有斐閣，2004年）
中村剛治郎『地域の力を日本の活力に――新時代の地域経済学』（日本信用金庫協会，2005年）
中村剛治郎編『基本ケースで学ぶ地域経済学』（有斐閣，2007年）
中村政文・蔦川正義・伊東維年編著『地域ルネッサンスとネットワーク』（ミネルヴァ書

房，2005年）
西口敏宏編著『中小企業ネットワーク――レント分析と国際比較』（有斐閣，2003年）
日本中小企業学会編『中小企業政策の「大転換」』（同友館，2001年）
日本中小企業学会編『新連携時代の中小企業』（同友館，2006年）
橋本卓爾・大西敏夫・辻和良・藤田武弘編著『地域産業複合体の形成と展開――ウメ産業をめぐる新たな動向』（農林統計協会，2005年）
本間義人『地域再生の条件』（岩波新書，2007年）
宮本憲一『公共政策のすすめ――現代的公共性とは何か』（有斐閣，1998年）
宮本憲一・横田茂・中村剛治郎編『地域経済学』（有斐閣，1990年）
百瀬恵夫『新協同組織革命――過当競争を超えて』（東洋経済新報社，2003年）
森靖雄『中小企業が日本経済を救う』（大月書店，2004年）
山倉健嗣『組織間関係――企業間ネットワークの変革に向けて』（有斐閣，1993年）
山倉健嗣『新しい組織マネジメント――戦略・組織・組織間関係』（同文館出版，2007年）
山口義行『経済再生は「現場」から始まる――市民・企業・行政の新しい関係』（中公新書，2004年）
山名伸作『経済地理学』（同文館，1972年）
山本貢『中小企業組合の再生――組織活性化の理論と実践』（中央経済社，2003年）
渡辺睦編著『中小業者の協同組合――その事業と運動』（新評論，1985年）

〔第2章〕
板橋守邦『屈折した北海道の工業開発――戦前の三井物産と北炭・日鋼』（北海道新聞社，1992年）
小田清『開発計画と地域政策――北海道の現実から』（日本経済評論社，1995年）
大場良次・小林甫・木村純編著『21世紀の北海道をひらく――今あらためて「自立」を考える』（北海道大学図書刊行会，1999年）
小川正博・森永文彦・佐藤郁夫編著『北海道の企業――ビジネスをケースで学ぶ』（北海道大学出版会，2005年）
黒柳俊雄編著『開発と自立の地域戦略――北海道活性化への道』（中央経済社，1997年）
小磯修二『地域自立の産業政策――地方発ベンチャー・カムイの挑戦』（イマジン出版，2007年）
小磯修二・山崎幹根編著『戦後北海道開発の軌跡――対談と年表でふりかえる開発政策』（北海道開発協会，2007年）
サッポロバレースピリット編集委員会編『サッポロバレースピリット』（さっぽろ産業振興財団編，2002年）
田中修『日本資本主義と北海道』（北海道大学図書刊行会，1986年）

日本経済新聞社編『北海道2030年の未来像——「人口減少100万人」を超えて』(日本経済新聞社, 2006年)
日本政策投資銀行「サッポロバレー・コア・ネットワーク」(2000年) http://www.dbj.go.jp/hokkaido/
平岡祥孝・高橋清編『北海道再建への戦略——豊かな「ストック社会」に向けて』(北海道新聞社, 2007年)
北海学園大学開発研究所編『北海道開発の視点・論点』(北海学園大学開発研究所, 1998年)
北海道編『新北海道史』第6巻 通説5 (1977年)
北海道開発庁編「北海道総合開発計画(第1次5ヶ年実施計画, 第2次5ヶ年実施計画)」
北海道開発庁編「第2期北海道総合開発計画」
北海道開発庁編「第3期北海道総合開発計画」
北海道開発庁編「新北海道総合開発計画」
北海道開発庁編「第5期北海道総合開発計画」
北海道開発庁編「第6期北海道総合開発計画」
北海道開発庁50年史編纂委員会編『北海道開発庁50年史』(北海道開発庁50年史編纂委員会, 2000年)
北海道開発庁・北海道産業問題研究会編『北海道の特性を生かした産業の展開——北海道型地場産業の高付加価値化に向けて』(大蔵省印刷局, 1994年)
北海道雇用経済研究機構編『北海道再生のシナリオⅡ』(北海道出版企画センター, 2006年)
北海道情報産業史編集委員会編『サッポロバレーの誕生』(イエローページ, 2000年)
北海道創生ビジョン策定委員会編著『北海道再生のシナリオ——北海道創世ビジョンの提言』(北海道雇用経済研究機構, 2002年)
北海道拓殖銀行調査部編『北海道80年代の可能性』(北海道新聞社, 1980年)
北海道未来総合研究所編『自立経済への挑戦——北海道開発の新視点』(日本経済新聞社, 1980年)
増田壽男・今松英悦・小田清編『なぜ巨大開発は破綻したか——苫小牧東部開発の検証』(日本経済評論社, 2006年)
山崎朗編『クラスター戦略』(有斐閣, 2002年)

《主要報告書・ホームページ等》

http://www.meti.go.jp/policy/local_economy/
伊藤英喜「北海道スーパー・クラスター振興戦略」http://www.unisys.co.jp/event/bits2003/pdf/d3_ito.pdf
札幌市「札幌市における都市型新産業の振興策について」(平成13年度大都市問題調査研

究委員会報告）http://homepage2.nifty.com/pockets/daitoshi.htm
北海道ＩＴ推進協会「北海道ＩＴレポート2006」
北海道企画振興部「道内における食料産業の分析に係わる報告書」（2002年）
北海道企画振興部「北海道バイオレポート2007」
北海道経済産業局「21世紀北海道経済産業政策」（2000年）http://www.hkd.miti.go.jp/

〔第3章・第4章・第5章・第6章〕
石井淳蔵『ブランド　価値の創造』（岩波新書，1999年）
今川晃・山口道昭・新川達朗編『地域力を高めるこれからの協働――ファシリテータ育成テキスト』（第一法規，2005年）
大久昌巳・杉野邦彦『「竹屋食堂」ものがたり――北のラーメン誕生秘話』（角川書店，2004年）
加藤敏春『エコマネーの新世紀――「進化」する21世紀の経済と社会』（勁草書房，2001年）
神沼公三郎・奥田仁・佐藤信・前田憲編著『北海道北部の地域社会――分析と提言』（筑波書房，2008年）
くりやまプレス編集室編『やさしさ事典――くりやまプレス総集編』（栗山町社会福祉協議会，2005年）
斉藤修『食料産業クラスターと地域ブランド――食農連携と新しいフードビジネス』（農山漁村文化協会，2007年）
関満博・及川孝信編『地域ブランドと産業振興――自慢の銘柄づくりで飛躍した9つの市町村』（新評論，2006年）
関満博・遠山浩編『「食」の地域ブランド戦略』（新評論，2007年）
知的財産総合研究所編『「ブランド」の考え方』（中央経済社，2003年）
北海道市町村協会編『広がれ　ほっかいどうの底力――地域づくり事例集』（北海道市町村振興協会，2005年）
北海道知事政策部編『ソーシャルキャピタルの醸成と地域力の向上――信頼の絆で支える北海道』（北海道知事政策部，2006年）
本間正明・金子郁容・山内直人・大沢真知子・玄田有史『コミュニティビジネスの時代――NPOが変える産業，社会，そして個人』（岩波書店，2003年）
宮崎隆志・鈴木敏正編著『地域社会発展への学びの論理――下川産業クラスターの挑戦』（北樹出版，2006年）

〔第7章〕
《ＥＵ地域政策》

Andrew Evans　EU Regional Policy, Oxford University Press, 2005

J.Pinder/S.Usherwood　The European Union, Oxford Pr., 2001

U.Sedelmeier/A.R.Young（eds.）　The Annual Review of the European Union in 2006, Blackwell publishing, 2007

W.Molle　European Cohesion Policy, Routledge, 2007

H.アームストロング/原勲編著『互恵と自立の地域政策――CEDの可能性』(文眞堂, 2005年)

辻悟一『ＥＵの地域政策』(世界思想社, 2003年)

持田信樹『地方分権の財政学――原点からの再構築』(東京大学出版会, 2004年)

《イタリア産地関連》

A.Bagnasco/C.F.Sabel（eds.）　Small and Medium-Size Enterprises, PINTER, 1995

A.Q.Cruzio/M.Fortis（eds.）　Complexity and Industrial Clusters, Physica-Verlag, 2002

Brusco,S/Beccatini,G　Industrial Districts E.E.Publishing, 2004

C.Crouch/P.Le Gales/C.Trigilia/H.Voelzkow　Changing Governance of Local Economies, Oxford U.P., 2004

C.Crouch/P.Le Gales/C.Trigilia/H.Voelzkow　Local Production Systems in Europe：Rise or Demise?, Oxford U.P., 2001

E.Goodman and J.Bamford with P.Saynor　Small Firms and Industrial Districts in Italy" Routledge, 1989

E.S.Phelps（eds.）　Enterprise and Inclusion in Italy, Kluwer Academic Publishers, 2002

F.Belussi/G.Gottardi（ed.）　Evolutionary Patterns of Local Industrial Systems, Ashgate, 2000

F.Belussi/G.Gottardi/E.Rullani（ed.）　The Technological Evolution of Industrial Districts, Kluwer Academic Publishers, 2003

F.Cossentino/F.Pyke,W.Sengenberger, Industrial districts and Inter-Firm Cooperation in Italy" IILS Research Srries103, 1990

F.Cossentino/F.Pyke,W.Sengenberger　Industrial districts and local economic regeneration IILS Research Srries103, 1992

F.Cossentino/F.Pyke/W.Sengenberger　Local and Regional response to Global Pressure, IILS Research Srries103, 1996

F.Sergio/S.Piattoni　Italy in the European Union:Redefinding National Interest in a Compound Polity, Rowman & Littlefield, 2008

G.Becattini　Industrial Districts, Edward Elgar, 2004

G.Cainelli/R.Zoboli　The Evolution of Industrial Districts, Physica-Verlag, 2004

G.Garofoli（ed.）　Endogenous Deveropment and Southern Europe, Avebury, 1992

Ozlem Oz　Cluster and Competitive Advantage, Palgrave, 2004

P.Bonavero/G.Dematteis/F.Sforzi（eds.）　The Italian Urban System, Ashgate, 1999

S.Breschi/F.Malerba（eds.）　Clusters, Network and Innovation, Oxford U.P., 2005

W.Sengenburger/G.W.Loveman and M.J.Piore　The re-emergence of small enterprises", ILO, 1990

稲垣京輔『イタリアの起業家ネットワーク——産業集積プロセスとしてのスピンオフの連鎖』(白桃書房, 2003年)

片岡幸彦編『下からのグローバリゼーション——「もうひとつの地球村」は可能だ』(新評論, 2006年)

《イタリア南部関連》

Claudio Fava　SUD, Arnoldo Mondadori Editore, 1995

E.Gualini　Multi-level Governance and Institutional Change:The Europeanization of Regional Policy in Italy, Ashgate, 2004

J.Foot　Modern Italy, Palgrave macmillan, 2003

J.Schneider　Italy's "southern question":Orientalism in One Country, Oxford New York, 1998

M.Di Matteo/P.Piacentini（eds.）　The Italian Economy at the 21st centry, Ashgate, 2003

S.Cafiero　Qestione Meridionale e Unita Nazional, La Nuova Italia Scientifica, 1996

クラウディオ・ファーヴァ（中村浩子訳）『イタリア南部・傷ついた風土』(現代書館, 1997年)

ジョルジョ・ボッカ（千種堅訳）『地獄——それでも私はイタリアを愛する』(三田出版会, 1993年)

高原一隆（研究代表者）『第三のイタリアの産地システムと地域経済活性化の国際比較』平成16〜17年度科研費報告書（2006年）

竹内啓一『地域問題の形成と展開——南イタリア研究』(大明堂, 1998年)

ファビオ・ランベッリ『イタリア的——「南」の魅力』(講談社, 2005年)

〔おわりに〕

E.F.シュマッハー（斉藤志郎訳）『人間復興の経済』(佑学社, 1976年)

E.F.シュマッハー（小島慶三・酒井懋訳）『スモール・イズ・ビューティフル——人間中心の経済学』(講談社学術文庫, 1986年)

池上惇・林健久・淡路剛久編『二十一世紀への政治経済学——政府の失敗と市場の失敗

を超えて』(有斐閣,1991年)
田中彰『小国主義——日本の近代を読みなおす』(岩波新書,1999年)

〔その他本書執筆にあたって参考とした主要な雑誌,報告書等〕
Banca di Roma Review of Economic Conditions in Italy, 1999-2003
Censis Foundation Social Picture and Trends, Francoangeli, 2002
SVIMEZ Rapporto 2006 sull'Economia del Mezzogiorno, il Mulino, 2006
経済産業省編『経済産業省年次報告書』(経済産業調査会)
経済産業省・厚生労働省・文部科学省編『ものづくり白書』(ぎょうせい)
国立社会保障・人口問題研究所『都道府県の将来人口』(2002年)
中小企業総合研究機構編訳『ヨーロッパ中小企業白書』(同友館)
中小企業庁『中小企業施策総覧』(中小企業総合研究機構,2007年)
中小企業庁編『中小企業白書』(ぎょうせい)
北海道開発局開発監理部『平成12年北海道産業連関表』(北海道開発局,2006年)
北海道企画振興部『道民経済計算年報』
北海道企画振興部『北海道経済白書』
北海道経済産業局編『目で見る北海道産業』(札幌商工協会)
北海道中小企業家同友会「北海道同友」49～56号(2000～2008年)
統計情報研究開発センター『市町村の将来人口』(日本統計協会,2007年)
日本経済新聞社産業地域研究所「日経グローカル」
ヨーロッパ連合編(猪口孝監訳)『ヨーロッパ統計年鑑』(柊風社,2006年)

■執筆者紹介

髙原　一隆（たかはら　かずたか）

- 1947年　広島県東広島市生まれ
- 1970年　愛媛大学文理学部卒業
- 1978年　立命館大学大学院博士課程単位取得
- 1981年　札幌商科大学（現札幌学院大学）
- 1999年　広島大学総合科学部
- 2001年　博士（経済学）立命館大学
- 2003年　北海学園大学経済学部
- 2008年　北海学園大学開発研究所長

《主要著書》
『地域問題の経済分析』（共編著）大明堂，1986年
『開発と自立の地域戦略』（共著）中央経済社，1997年
『地方都市の比較研究』（共編著）法律文化社，1999年
『地域システムと産業ネットワーク』法律文化社，1999年
『北海道再建への戦略』（共著）北海道新聞社，2007年
『基本ケースで学ぶ地域経済学』（共著）有斐閣，2007年

2008年10月15日　初版第1刷発行
2009年7月30日　初版第2刷発行

ネットワークの地域経済学
―― 小さな会社のネットワークが地域をつくる ――

著　者　髙原　一隆
発行者　秋山　泰
発行所　株式会社　法律文化社
〒603-8053　京都市北区上賀茂岩ヶ垣内町71
電話 075（791）7131　FAX 075（721）8400
URL:http://www.hou-bun.co.jp/

Ⓒ2008 Kazutaka Takahara Printed in Japan
印刷：西濃印刷㈱／製本：㈱藤沢製本
装幀　石井きよ子
ISBN978-4-589-03129-7

髙原一隆著
地域システムと産業ネットワーク
A5判・268頁・3360円

典型的な地域間ピラミッドを形成してきた北海道をケーススタディにして，20世紀の地域システムの構造と問題点を明らかにする。さらに，地域経済の活性化と自立性の回復のために複合的ネットワークの必要性を説く。

鰺坂 学・髙原一隆編
地方都市の比較研究
A5判・342頁・9975円

地方の11都市を地方中枢・中核・中小・都市形成都市の4類型に分け，各都市の動向と状況，個性を考察。住民アンケート調査をもとに，都市社会学や地域経済学の成果をとりいれながら，地方都市の見直しと再評価を試みる。

鰺坂 学著
都市移住者の社会学的研究
―『都市同郷団体の研究』増補改題―
A5判・286頁・5985円

都市―農村関係の地域社会学を構想する。社会的背景や国内外の論議を整理したうえで，①都市→農村（都市における同郷的関係），②農村→都市（農山漁村とその出身者との関係）の2側面からていねいに検証。

高橋 勉著
「公民」が苦手だった人のための
現代経済入門講義
A5判・140頁・1890円

中学校の「公民」の復習から始め，その基礎知識をもとに現実に進行している身近な経済現象を理解し，自分なりの意見がもてる力を養う。64の板書と臨場感あふれる語り口調で解説する12講義。

重森 曉・藤本髙志・森詩恵編著
新地域政策のすすめ
四六判・212頁・2100円

具体的事例やデータを素材に，経済・行政・福祉・環境・文化の視点から「地域政策」の特徴と意義，魅力をわかりやすく解説した体系書。市民一人ひとりが参加・学習し，共同で取り組む地域づくりの重要性を説く。

藤本髙志編
経済学のすすめ
四六判・176頁・1785円

経済（学）を学ぶうえで前提となる歴史や理論，統計分析などバランスよく各分野に論及し，基礎知識や分析方法を平易に解説する。自ら学び，考えるための工夫を凝らした，今後本格的に経済（学）を学ぶための導入書。

―――法律文化社―――
表示価格は定価(税込価格)です